幸 福 基 因

——把藏在 DNA 之中的积极潜能释放出来

〔美〕詹姆斯 · D. 贝尔德　劳丽 · 纳德尔　著
邢　科　柴利君　译

商务印书馆
创于1897 The Commercial Press
2012 年 · 北京

图书在版编目(CIP)数据

幸福基因/〔美〕贝尔德,〔美〕纳德尔著;邢科,柴利君译. —北京:商务印书馆,2012
ISBN 978-7-100-09190-9

Ⅰ.①幸… Ⅱ.①贝…②纳…③邢…④柴… Ⅲ.①幸福—研究 Ⅳ.①B82

中国版本图书馆CIP数据核字(2012)第107474号

幸 福 基 因

——把藏在DNA之中的积极潜能释放出来

〔美〕詹姆斯·D. 贝尔德 劳丽·纳德尔 著

邢科 柴利君 译

商 务 印 书 馆 出 版

(北京王府井大街36号 邮政编码100710)

商 务 印 书 馆 发 行

北京市白帆印务有限公司印刷

ISBN 978-7-100-09190-9

2012年12月第1版 开本700×1000 1/16

2012年12月北京第1次印刷 印张13¾

定价:29.00元

对《幸福基因》的赞誉

近年来的一些研究证实了表观遗传效应在改变我们的信仰和行为方面所发挥的作用，而《幸福基因》这本书则将这些研究与古代精神传统方面的智慧结合起来，它是对于幸福这门科学的一个包罗万象的调查。它向读者提出了很多富有挑战性的问题，例如思考我们的行为如何影响我们下一代的基因表达。贝尔德和纳德尔向你展示了如何盘点你的“幸福资产”，以及那些能为你带来幸福的关系、财产和状况，然后又教你如何像对待有价值的资源那样对待它们。本书提供了丰富的知识且具有很强的实用性，书中有大量的自我反思练习，并以一个 28 天计划作为全书的结尾，它会指引你清除掉在你的生活中将你和幸福阻断的一切事物。要想了解幸福在我们细胞内的分子层面上看起来是个什么样子以及如何才能从你所经历的每件事情中汲取经验以提高你自己的幸福感，本书是一个非常优秀的向导。

道森 · 彻奇

畅销书《你基因中的妖怪》的作者

致　谢

我们想感谢韦恩·戴尔(Wayne Dyer)博士和我们的版权代理人利萨·黑根(Lisa Hagan)从一开始就对本书所表现出的信任。而对于布鲁斯·利普顿博士不吝溢美之词的序言,我们也深表感激。

我们感谢道森·彻奇(Dawson Church)、罗林斯·麦克拉蒂(Rollins McCraty)、卡罗琳·迈斯(Caroline Myss)、格雷格·布雷登(Gregg Braden)以及史蒂夫·伯曼(Steve Bhaerman)在表观遗传学方面的深刻见解。寒泉港实验室的巴莎·海耶姆(Bash Hayem)允许我们在实验室所处的园区内畅游,并为我们推荐了很多有价值的参考资料。对于让布鲁斯和道森的工作变得井井有条的玛格丽特(Margaret)、莎丽(Sally)和德布(Deb),我们谨致以我们的谢意和祝福。

感谢 New Page Books 出版社的迈克尔·派伊(Michael Pye)和柯尔斯滕·达利(Kirsten Dalley),是你们牵着我们的手走过了本书编辑过程的诸多阶段,我们把最诚挚的谢意送给你们。

最后,感谢我们的家人和朋友,没有你们无尽的耐心就不可能有我们今天的成果。

目　录

序　言

危机是进化的助推器。今天,世界所面临的挑战和危机实际上就表明了变革正迫在眉睫。我们就要直面这种进化了。

科学与社会的突破性结合表明,这个行星处于令人难以置信的进化中。这种进化是由人类意识驱动的。我们每个人都是人类历史上最大的冒险活动的参与者,这个冒险活动便是意识的进化。

我们生活在一个激动人心的时代,因为现代科学正在打破旧有的不实神话,重新书写影响了人类文明命运的故事。现实很明了:我们的世界在改变,我们对生活的看法也在改变。以往我们看待事物的方式、所信奉的观念以及所采取的推理方法无助于我们使当前的状况发生改观,因为今天对我们构成威胁的危机恰恰是由它们所造成的。改变我们对于生物学和人类历史的理解将为我们提供信息和灵感,从而帮助我们度过这种动荡时期。

为了让我们更有效地应对对我们构成威胁的全球性挑战,并为我们的行星的进化做出贡献,我们必须首先抛开我们的这种无助的受害者的形象,并且去了解"我们到底是谁?"这个问题的真相。一个不错的起点是,首先对于生命体是如何运转的获得一个较为准确的描述,因为传统智慧正在被现代科学的一场革命冲击得支离破碎。新科学正在动摇着生物学从未受过质疑的几大基石,包括我们对随机进化、适者生存及DNA所扮演的角色的看法。

赋能之路

当我们在镜子中看自己,并将自己理解成为单一的个体时,就出现了一个明显的错误知觉。实际上,我们的身体是一个由多达50万亿个活细胞所组成的"社群"。这个数字说起来容易,但却几乎是无法理解的。人体内细胞的数量相当于8,000个地球人口的总和!

事实上,每个体细胞都拥有人体所拥有的全部功能。例如,几乎每个细胞都有它自身的神经系统、消化系统、呼吸系统、骨骼肌肉系统、生殖系统甚至免疫系统。从某种意义上说,每个细胞都相当于一个微缩的人。

每个细胞都天生充满智慧,当它们被从人体中摘除时,它们依然能够单独存活下来。然而,存在于人体内时,每个细胞都抛弃了其个体性,而扮演着一个多细胞社群内的一个公民的角色。人体实际上就是由50万亿个个体细胞共同合作而形成的。从定义上来看,所谓"社群"就是指一个由众多致力于同一愿景的单个个体所组成的组织。因此,尽管每个细胞都是不受拘束的个体,但人体这个社群必须要迁就其"中央声音"("central voice")的愿望和意图,我们将这称为思维和精神。

在一个由细胞所组成的社群中,"中央声音"与政府所发挥的职能相类似,它负责管理其公民的各项事务。新科学揭示了我们的充满着想法和意图的思维深深地影响着我们的生理、行为和基因活动。如果能够了解我们的思维如何影响我们的基因,那么我们便拥有了一个宝贵的机会,从而获得持久的健康和幸福。然而,为了达到这一目的,我们必须首先放弃过去我们对于思维和人体之间关系的错误假设。

关于生物控制的新观点

四十多年前,我所从事的研究是分离个体干细胞并把它们置入培养皿之中。干细胞就相当于未分化胚胎细胞,它们遍布全身各处。它们的主要功能是补充每天由于正常的损耗而流失的几十亿个细胞,同时还要修补受损的或功能失调的组织和器官。

培养的干细胞大约每十小时分裂一次。两周以后,干细胞培养皿就有了成千上万个细胞。这里,最重要的一点是,一个培养皿中的全部细胞都来自于一个亲细胞。因此,一个培养皿中的全部细胞在基因上都是相同的。在我的实验中,我将把一组细胞分别置于三个独立的培养皿中,并且用不同的培养基分别对它们进行培养,每种培养基都含有独特的化学成分。对于细胞来说,培养基相当于它们所处的"环境",就如同构成我们的生存环境的空气、水、食物和社交网络一样。

其中一个培养皿中的细胞构成了肌肉,一个培养皿中的细胞构成了骨骼,另一个培养皿中的细胞构成了脂肪细胞。关键的问题是:"是什么决定了细胞的命运?"由于所有的细胞在基因上都是相同的,因此答案不言自明:环境决定着细胞的命运。

当我把细胞放在一个不太优良的环境中时,这个答案就很明显了。这些细胞会生病并且会不可避免地死掉。为了"治愈"这些细胞,我们没有使用药物,只是把它们放回支持它们生存的环境中,它们很快就恢复了活力,培养物也繁盛起来。

我所进行的关于环境如何决定细胞命运的研究预言了当今最重要的一个科学领域——表观遗传学。表观遗传学主要分析环境信息使基因组之间发生相互作用及控制基因活性的机制。在表观遗传学诞生之前,科学界和公众都被一种强调"基因控制"的观念所主导,这种观念认为基因自己控制着自己的表现度。因此,我们通常都会提及基因打开(基因"表达")和基因关闭(基因"沉默"),好像基因是自我实现和自我管理的一样。

新观点表明,基因并不控制着细胞的命运。基因只是蛋白质的蓝图

(blueprint),是细胞分子构成单位。作为排列方式,基因不存在“表达”和“沉默”的状态。比方说,如果问一位正在绘制蓝图的建筑师一个简单的问题:“你的蓝图是打开的还是关闭的?”那么答案是非常可笑的。

基因这种蓝图由细胞对包含在生长培养基中的环境信号所做出的反应来激活和控制。表观遗传学的研究目前已经发现了一个令人感到惊讶的事实:改变生长培养基的化学组成会直接改变每个基因蓝图的表现。

事实上,表观遗传学的令人震惊的发现是:环境信息可以改变每个基因的表现,从而从每个基因蓝图中创造出3万多种变体。简单地说,基因并不代表具体的命运;它们是直接受环境影响的潜在的可塑因素。随着环境的变化,细胞的生理和命运也会发生相应的变化。

谁处于掌控地位?

干细胞培养物领域的研究发现与我们普通人有着怎样的联系呢?正如我所描述的那样,一个人并不是一个单独的生命个体;我们实际上是一个由多达50万亿个有感觉的细胞公民所组成的社群。实际上,我们是覆盖着皮肤的盛装着几万亿细胞的皮氏培养皿(Peti dish)。我们身体内的培养基是血液。因此,如同培养干细胞的命运会因培养物所处环境的化学成分的改变而改变一样,我们的体细胞的命运也会受到我们的血液成分的影响。

于是,重要的问题就变成了:“什么决定着我们血液的化学成分,从而影响着我们的健康和生理状况?”正如我们所提到的,构成我们身体的上万亿个细胞组成了一个庞大的社群,在这个社群中,每个细胞都有着各自专门的职能,从而维系着该社群的生命。一些细胞构成了心脏组织,另外一些细胞则构成了骨骼、肌肉、皮肤和血液。而构成神经系统的细胞是用来获取对于世界的认知的,它们用那些信息去指导细胞社群的命运和活性。

眼睛、耳朵、鼻子和味蕾这些专门的神经接收器会阅读环境信息,并将信号发送给大脑。通过“知觉”这一过程，大脑会解读这些环境信息。然后，作为反应，它会将一些起调整作用的化学成分释放到人体的培养基——血液中去。来源于大脑的化学成分在人体内循环，决定着我们的细胞的行为和基因活性。因此，我们知觉我们环境的方式决定着我们的健康状况和命运。最为重要的是，当我们改变了我们对环境做出反应的方式时，我们也改变了我们的健康状况和命运。

过去，人们普遍信奉基因控制论，那时我们基本上把我们自己看成是遗传因素的受害者。比方说，如果我们的家族中有人得过癌症和老年痴呆症，那么我们就很容易相信我们也有可能患上这些疾病。然而，表观遗传学彻底颠覆了那种有局限的观念，因为它表明，通过我们的“思维”，我们可以改变我们血液的化学成分，并在这一过程中，成为我们命运的主宰者。

当我们的思维觉察到环境对我们安全和有利时，细胞会全神贯注于身体的发育与维护。而在充满压力的环境中，细胞会放弃它们正常情况下所应起到的发育功能，而采取一种防御性的保护态势。正常情况下用来维持人体发育的能量资源此时会转移到那些提供保护的系统中。简单地说，在一个有压力的体系中，发育过程受到了限制并发生了中断。尽管我们身体的系统能够适应急性压力期，但是长期或慢性压力却会令我们的身体衰弱，因为这种压力对能量的要求会妨碍身体所需要的自我维护，从而导致身体机能失调和疾病的发生。

良好的司机教育的价值

压力主要来源于系统的“中央声音”，即思维所产生的错误知觉。思维就像一辆汽车的司机，如果司机的驾驶技术娴熟，那么汽车可以得到很好的保养，并在其寿命期内提供良好的性能。而我们看到的丢在路边或是堆在废物堆积场里的废旧汽车大多是拜糟糕的驾驶技术所赐。如果我们运用娴熟的“驾驶技术”来管理我们的行为和情绪，那么我们有理由期待我们的生活会持久地快乐和丰富多彩。相比之下，不恰当的行为和不正确的情绪管理，就像一个蹩脚的司机一样，会给我们这部细胞“汽车”施加压力，妨碍其性能的发挥并使其出现故障。

你是一个优秀的司机还是一个蹩脚的司机？在回答这一问题之前，你要意识到，人体内起控制作用的“中央声音”是由两种独立的思维产生的。(自我)意识思维是正在思考的你；它是一种创造性思维，你的愿望、渴望、期望都由它控制。它也是“正向思考”的发生地。

对意识思维起支持作用的是潜意识思维，它就像一部能将我们的生活经验下载下来的录制回放装置。潜意识思维是一部装载了大量程序化行为的数据库。一些程序由遗传而来。它们是我们的本能，代表着天性。然而，大多数潜意识程序都是通过后天的学习经历获取的，它们代表着后天培育。

潜意识思维不是推理和创造性意识的发生地。严格说来，它是一种刺激—反应机制。当一种环境信号被觉察时，潜意识思维会激活先前存储下来的行为反应方式——无须思考。潜意识思维就好像一台可用程序控制的自动驾驶仪，它可以为我们这部人体车辆领航，而不需要驾驶员——意识思维的观察和掌控。当潜意识的自动驾驶仪控制行为时，意识便自由了，它可以梦想未来，也可以回顾过去。这种双思维系统的有效性是由存在于潜意识思维中的程序来决定的。通常情况下，教你开车的那个人对你的驾驶技术影响非常大。例如，如果他教你开车时要一只脚放在油门上，而另一只脚放在刹车上，那么无论你拥有几台汽车，每台都会过早地出现刹车失灵或发动机失灵的现象。

同样，如果我们的潜意识思维中被程序化地设定了一些对生活经历的不恰当的行为反应，那么我们的这种蹩脚的“驾驶技术”将会让我们的生活充满挫折。例如,我们知道,心血管疾病是导致死亡的罪魁祸首,而诱发心血管疾病的直接原因便是一些行为程序没有妥善管理好身体对于压力所做出的反应。

你是一个优秀的司机还是一个蹩脚的司机?这个问题很难回答,因为在我们的富有创造性的意识思维中,我们可以认为我们是优秀的司机;然而,存在于我们的潜意识思维中的具有自我破坏性或限制性的行为程序则会在我们毫无觉察的情况下与此背道而驰。通常情况下,我们的意识无法觉察到我们对于生活的潜意识看法或观念。原因在于,六岁以前,胎儿及新生儿的大脑主要是以 δ 或 θ 脑电图频率运转的。这种大脑活性的低水平状态被称作催眠状态。在这种催眠状态下,父母没必要太积极地指导孩子,因为孩子们只是通过观察他们父母、兄弟姐妹、同伴和老师的行为来形成他们自己的行为方式。想想看,你小时候的受培养经历是否为你提供了可以在你未来的生活中采纳的良好行为模式?

在一个人生命的前六年中,他就在毫无意识的情况下获得了成为这个社会有用的一员所需要的全部行为方式。而且,一个孩子的潜意识思维也"下载"了一些与自我有关的信念。当父母告诉一个孩子,某件事情是愚蠢的、不值得的、令人厌烦的,或具有其他负面特征时,这些也会作为一个"事实"被下载到孩子的潜意识思维中。而这些从外界获得的信念就组成了所谓"中央声音",它决定了身体的细胞社群的命运。尽管意识思维通常会把一个人的自我摆在很高的地位,但同时,更为强大的非意识思维却可能做出一些毁灭自我的行为。

如果我的生活由我自己来创造,那绝不会是现在这样!

自动驾驶仪这种机械装置所潜藏的风险在于潜意识行为是根据设定的程序做出的,不受有意识的自我(conscious self)的控制和观察。最重要的是，神经系统科学领域的研究表明，潜意识思维作为一种信息处理器，要比意识思维强大100万倍，我们有95%～99%的行为都是受潜意识思维的支配的。

这个事实的一个重大意义在于，我们每天仅有1%～5%的时间是朝着我们自己的愿望前进的。而在其他绝大多数时间里，我们的生活都是受那些已经被下载到我们的潜意识思维中的习惯程序（habit-program）控制的。这些程序基本上是通过观察周围其他人的行为而下载下来的，比如父母、兄弟姐妹、老师及社群内的其他成员。因此，我们也可以得到一个意义更为深远的结论，那就是我们生活中有95%以上的部分都是按照其他人所提供的程序进行的。

而且，由于我们大部分的行为都受潜意识思维的支配，所以我们很少注意过它们，有时甚至没有意识到自己正在进行这样的行为。尽管你的意识思维把你自己想象成一个好的司机，但在绝大部分时间里管控着方向盘的非意识思维却可能将你带向毁灭之路。

随着我们的意识变得越来越强大，我们对于带有自动化特点的潜意识程序的依赖越来越少，也有能力去改变以前下载到我们的潜意识思维中的一些限制性的、不利于我们自身的信念。通过这一过程，我们成为了我们自身命运的主宰者，而不是我们的程序的受害者。由于意识有能力改变对我们构成限制的一些观念以及一些自我破坏的行为，因此它可以让我们的生活发生巨大的改观，使它充满爱、健康和富足。

奔向一种自我赋能的生活

通过勤奋地使用我们的意识，我们就可以创造出我们想要的生活。我们不再是我们自身以外的一些强制性力量的受害者，我们也不会再因为不喜欢我们自己的性格和处世态度而埋怨这些外部力量，因为我们可以改变自己的性格和处世态度。

关于自我赋能的实现这一问题,我非常欣赏詹姆斯·贝尔德和劳丽·纳德尔在《幸福基因》这本书中所阐述的观点和给出的信息。这本非常有价值的著作为读者提供了许多实用的方法,让他们能够利用新生物学中的智慧和见解。这本书相当于一本人体司机教育手册。它向我们指出,如何才能重新为你的思维设定程序,改写你的遗传基因,从而过上一种更能够实现你个人抱负的生活。需要指出的重要一点是,我们是我们自身进化的参与者,因此我们必须积极地投身于这一过程中,从而为我们的生活赋能。

新思维时代已经来临。而本书正是提醒你的闹铃。

为了实现我们希冀的未来,我们必须知道我们到底是谁,以此来为我们自己赋能——我们是我们自身命运的有意识的合作创造者,我们每个人都是一个被称作"人类"的有机体中的细胞。我们不应再仅仅把我们的使命建立在个人生存的基础之上,而应将其建立在整个物种生存的基础之上。理解了上述程序设定对我们生活的影响,并且明确了如何才能改变这种程序设定,我们就有可能改写我们的命运。

好好读读这本书吧。重新为你的思想设定一个程序。看看到底什么会让你真正感到幸福——也希望你真正拥有幸福的生活。

——细胞生物学家 布鲁斯·利普顿博士

引　言

对于快乐与幸福的渴望激发着不同种族、不同信仰和不同国籍的人们前行。在诸多的调查中，被调查者通常将幸福理解为他们的满意度或愉悦度。但其实幸福有很多含义。在本书后面的章节中，我们将对什么是自然幸福（natural happiness）做出界定——这种幸福是任何一个人都享有的，我们还将告诉你如何来接受这种天赐之礼。现在，我们要通过一个书面的练习来看看在你心目中幸福的定义是什么。

什么是幸福？一个预备练习

1. 你能描述出幸福给你带来的感觉吗？

2. 你觉得它处于你的躯体或大脑中吗？

3. 哪些活动、观念、地方、食品、颜色、声音或人会提高或降低你的幸福感？

4. 当你做了一件好事或者一件慈善之举的时候，你会有什么感觉？

5. 不同的气候或者一天中的不同时间会对你的幸福感产生怎样的影响？

6. 你的幸福感和你的愉悦感之间有什么差别？

美国宪法赋予了每个人“生存、自由和追求幸福”的权利。我们拥有一个数十亿美元的产业，这个产业不断地向我们灌输着这样的理念，即幸福的秘密在于金钱、权力、成功以及购置最新潮的物件、汽车及增强体质的产品。

去问问那些因为看到一部广告——展现了一台 SUV 停在山顶上——就购买了 SUV 的人:得到这部车是否让他感觉到幸福?暂时来看这可能会让他们有种幸福感,然而,当油价飙升了一倍或当他费了九牛二虎之力才找到个停车位时,这种幸福感便会戛然而止。同其他消费者一样,SUV 的主人可能很后悔当初看了那些鼓动性的广告,而没有把电视机关掉。

媒体向我们灌输的幸福的概念都是诱惑性的。它们总是试图诱使我们错误地认为:如果我们拥有了一辆跑车、一部 iPhone,或是胸部丰满,我们就会感到幸福。而当我们花了钱,却没有得到想象中的幸福时,广告业又会马上推出一些新的产品来,催促我们去花更多的钱以购买我们所期望得到的幸福。

2,000 年以前,释迦牟尼说:“欲望是人类一切苦难的根源。”我们无从知晓,他是否会抵挡住一种内置了 GPS 导航系统,有六个汽缸、八个座位的交通工具的诱惑,他的纤细而修长的手指是否会痴迷于 iPhone 的那种触屏体验,但是基于佛的教义,我们可以推断出,当广告一开始时,他很可能会关掉电视。

这便催生了一个鸡和蛋的问题:如果欲望是人类苦难的根源,那么我们是否会因为想要得到幸福而注定要遭受苦难呢?

如果你不想要幸福,那什么是它的替代品呢?

西方文明中的四个假设

刚才我们提到我们会因为想要得到幸福而注定遭受苦难,这一论断可能会遭到唯物主义者的反对,但是有证据表明,按照下面四种假设去追求幸福经常会招致失望。这四种假设是:

1. 越多越好。

2. 越新越好。

3. 越大越好。

4. 越快越好。

你什么时候曾经也认同过上述这些假设中的一个或多个，期望它们能够给你带来幸福？结果怎样？今天你还会做出同样的选择吗？

你能买到真正的幸福吗？

你只需要快速浏览一下来自世界各地的照片，便可以注意到，全部人类都是以相同的方式微笑的。我们的嘴角向上，两颊略微向外凸出，眼睛闪烁着亮光。即便你去喜马拉雅山或摩洛哥的沙漠地区旅游，你不必通晓当地方言，也能够看到、听到和感受到人们的幸福。

你可以在连一个单词都不懂的情况下，通过微笑、开怀大笑以及点头等方式与你以前从未遇见的人进行沟通。也许，你们会共同为路边某个有趣或可爱的东西所吸引。也许，你们会共同分享一些不期而遇的事情带来的惊喜，比如说在吃早点的时间看到一匹马正沿着一条城市主干道奔跑，或看到一个孩子正在和他的小妹妹在长满了鲜花的绿地上玩耍。也许，你找不到你的路了，而此时一个想练习英语的学生帮你指明了到达你的目的地所要走的路线。

在这些情境中，你并没有刻意去追求幸福，因为幸福主动找到了你。

当幸福找到你的时候：一个练习

想一想当幸福找到你时的情景。

◇ 你在哪？

◇ 你在做什么？

◇ 当时你在寻找幸福吗？

寻找幸福是司空见惯的事情

几千年以前，世界上最英明的老师们对于人类如何才能过上幸福的生活给出了他们透彻的理解和指导原则。法老坟墓中的古埃及象形文字描述了庆祝的场景。古希腊人通过以鼓动性的诗句使人兴奋的戏剧来寻求幸福。在古罗马时期，像维吉尔（Virgil）这样的诗人也试图将读者的精神提升到一个可以从忧虑中解脱出来的层面。不列颠群岛上的德鲁依教徒和西半球土著人都认为幸福来源于自然的精神智慧。但直到现代遗传学诞生，幸福的本质才得以被揭示。

第一把钥匙

打开幸福之门的第一把钥匙是要明白幸福是内生于人类的本性之中的。我们每个人都可以在这个行星上的任何地方体验到幸福，无论你拥有什么样的文化、语言、性别和种族。

尽管每个人都有其独特的感受情感和心情的方式，但幸福的本质却是通行的，它超越了文化、地域、宗教甚至年代。当从事一项善举之时，比如帮助一个行动不便的人穿过一条车流汹涌的马路，谁会感觉不到幸福呢？一个帮助他人的行为会让我们内心充满愉悦感。

两类幸福

几千年以来，世界上最英明的老师已经提供了很多真知灼见、有用的工具以及一些指导原则去帮助学生们发现幸福。因此，那种主张置身于21世纪的我们需要指导原则以便能够体验幸福的想法似乎很没必要。

在不少知名大学中教授的积极心理学课程的新兴领域给出了我们称之为一般幸福（common happiness）这一概念的关键构成要素：愉悦感、价值和自我提升。这些要素都是可以通过主观感觉来验证的。虽然个人的体验可以证实到底对于某个人来讲什么是幸福的构成要素，然而这个模型还是有一个缺陷，那就是幸福的这些构成要素都是暂时性的，会随着每个人的生活所经历的改变而发生改变。另外一个更为重大的缺陷是，这些要素容易受到外界环境的影响。

但是微观生物学家发现，另外一种幸福是有着生物基础的，它本质上是带有遗传性质的。它不依赖外界环境，而是一种遗传特征。我们将这种类型的幸福称为自然幸福。

下面我们列出了外在（一般）幸福与内在（自然）幸福的一些根本差异。

外在（一般）幸福	**内在（自然）幸福**
愉悦；源于社交	源于生理和精神
后天的	先天的
外部参考框架	内部参考框架
幸福来自于外部（物质）世界	幸福来自于内在（精神）世界
受行为的驱动	信仰和洞察力
由匮乏感所诱发	由利他的道德规范所诱发
“拥有”……	“成为”……
受文化的制约	具有普遍性
与人的行为有关	与遗传和生物有关
宪法保障追求幸福的权利	个人基因的蓝图来自于造物主
短暂的	永恒的
寻常的	非凡的
物质层面的	精神层面的
受期望的制约	固有的

外在(一般)幸福可以通过找到一份更好的工作,买到一个更大的房子、一部跑得更快的车,或开始一段新的恋情来获取。但随着条件的改变,外在幸福最终留给我们的只有空虚。

内在幸福则是自然而然地出现的。人类拥有可以被我们的思想、情感模式和行为激活的基因。专注、冥想及利他主义破解了产生自然幸福的密码。

第二把钥匙:从生物学角度来看,你与幸福是连在一起的

在过去的20年间,仅有3%的主流科学团体致力于意识与精神的研究。下面的几本书报告并讨论了在物理学和生物学方面所取得的突破:道森·彻奇博士的《你基因中的妖怪》(*The Genie in your Genes*)、加里·祖卡夫(Gary Zukav)博士的《物理学的道》(*The Tao of Physics*)、布鲁斯·利普顿博士的《信仰的生物学》(*The Biology of Belief*)、爱德加·米切尔(Edgar Mitchell)博士的《探索者的路》(*The Way of the Explorer*),以及劳丽·纳德尔博士与朱迪·海姆斯(Judy Haims)和罗伯特·斯丹普森(Robert Stempson)共同撰写的《第六感:打开你的终极意念力》(*Sixth Sense: Unlock Your Ultimate Mind Power*)。

曾担任过纯理论科学学院院长的威利斯·哈曼(Willis Harman)倡导建立一种新的意识科学,以构建一种科学模型来解释精神信仰、直觉及祈祷。

诺贝尔奖得主、科学家罗杰·斯佩里(Roger Sperry)博士在其临终前于1994年所接受的最后一次采访中暗示,他相信存在一种更高的智慧创造并维护了每个人的生命支持系统。西方科学的一项假设认为,任何一件真实的事物都可以归结为表现为分子和原子微粒形式的物质;斯佩里博士认为,对于维持生命起决定作用的不是分子,而是意识。他将电路与他所称的存

在于每个人头脑中的指令性智慧进行了对比，说道："一个飞机的分子并不能让它飞行。"

幸福蓝图

自然幸福是你与生俱来的权利。它被记录在你的 DNA 中。

具体的基因，比如 DRD4 基因和 VMAT2 基因都是基因池的组成部分，它们为内生状态的幸福提供了一幅蓝图。通过专注、祈祷和利他行为所表现出来的 DNA 链的存在也为人类的精神信仰提供了生物基础方面的证据。

人们有一个普遍存在的错误观念，那就是基因通过对行为施加控制，从而决定了人的命运。行为遗传学领域的无数实验和研究都表明，与周围环境的相互作用构成了人类行为的基础；你的 DNA 会对你所处环境发出的信号做出反应。这些信号包括那些能够揭示存在于你 DNA 中的积极潜能的观念和情感模式。这样，新生物学就将意识理论、细胞通信（cellular communication）理论和心理学联系到了一起。

你的幸福推动了人类的进化

你我正站在悬崖边上。此时此刻，我们就是进化史上第一个将智慧发展到可以使自身灭绝的水平的物种。正如布鲁斯·利普顿在本书前言中所评述的那样，我们必须有意识地参与到这一进化过程中来。这是一个革命性的观念，但也是人类作为一个物种想要生存下来所必须拥有的观念。我们需要一起进化成为一个心灵相通的社群，在这里，我们可以意识到，我们每个人作为一个个体所做出的选择会影响到这个整体。

现在你可以开始了。

通过引导我们的思维和情绪有意识地表达出利他行为、专注以及自我超越，你可以为你的 DNA 在遗传表现方面带来改变。新的表观遗传学领域的研究表明，这些改变会储存在基因蓝图中，并传递给下一代细胞。

这意味着你的幸福不仅仅是对个人快乐的自主搜寻。随着你继续深入阅读本书并了解新的思维、感知以及行为模式如何使你成为一个快乐的个体，你也正在帮助人类以一种平静的方式进化。而对你来说最好的消息是，你不必勉强去做任何事情，你的自然幸福的基因蓝图就存在于你身体当中。

本书旨在进一步加固科学与精神性之间的桥梁。以新科学领域的畅销书作者格雷格·布雷登和布鲁斯·利普顿的著作为基础，本书将为你提供启发，并让你了解你的精神基因以及它们是如何工作的。

必须指出，只是拥有精神基因并不能保证一定会带来能导致内生幸福的行为。从存在于人类社会的暴力中明显可以看出，人类的行为一直是处于一些本能的操控之下的，这些本能阻碍了精神基因和以内心为基础的信仰的激活。其中一部分是与以前帮助我们存活下来的生物学机制直接相联，而其余则是消极环境与条件的产物。为了克服这一障碍，本书提供了一些实用的计划，它们利用一些外在的方式减少了那些可能会阻碍内生幸福的消极本能和环境。

尽管苦难和暴力是我们这个纷乱的世界所固有的，然而真正、持续的幸福的根源却存在于我们每个人内心之中。它是一种生物学上的密码，印在我们的 DNA 之上，它使我们成为人并将我们同造物主联系在一起。本书将向你们——我的读者展示如何破译满足感、成就感以及真正幸福的密码。

作者提示：如果希望得到本章所讨论的一些科学基础的更为全面的解释及其历史，你只需参见附录Ⅰ。

第一部分　基因使然

第一章　你的基因被唤醒

我们与 DNA 的关系可能是正在被逐步揭秘的最伟大的前沿领域之一。

——格雷格·布雷登

在长岛负有盛名的北部海岸，坐落着一家分子生物学和遗传学研究院——寒泉港实验室，该实验室占据着一片 130 英亩被悉心呵护的土地。长岛海峡的入口处有一片缎带般的平静水域，标示着这片土地的位置。寒泉港实验室得名于这里的一个小镇——寒泉港镇，这个小镇原来是一个捕鲸港口，美洲的土著居民称其为“Wawapex”，意思是“一块不错的亲水区域”。

自从 1890 年当地一群富有的投资者建立了这个学院以来，这个位于寒泉港的实验室里已经诞生了七位诺贝尔奖得主。大约 85 位诺贝尔奖得主在其显赫的职业生涯的某一段时间内曾经在这里工作过。[1]1953 年，詹姆斯·沃特森（James Watson）就是在这里发表了他关于 DNA 分子双螺旋结构的第一篇公众演说。九年之后，他和他的同事弗朗西斯·克里克（Francis Crick）由于发现了 DNA 的结构而获得了诺贝尔生理学（医学）奖。

该实验室建成后大约 120 年的今天，来自世界各地的遗传学研究者们都来到寒泉港实验室参加各种研讨会，这些研讨会涉及与微观现象有关的众多主题，包括基因与癌症研究、神经系统科学以及植物生物学。生物信息学是一个新兴的科研领域，它利用先进的计算机程序来分析生物数据。另一个新兴领域是表观遗传学，一会儿我们将会讨论它。

历史视角

如果你曾经参观过费城的老城或古镇威廉士堡，那么漫步其中之时，你便能了解到这里过去所发生过的故事。而在寒泉港实验室，你也可以以相同的方式了解科学的发展史。诺贝尔奖得主们在去吃中午饭的路上便会经过这些小径，边走边冥思苦想他们的科研项目。即使不是一个科学家，在参观这里的设施时，你的脑海里也会浮现出这些伟大的科学奇才的形象，无论是过去的还是现在的。

随着卡内基实验大楼于 1905 年正式落成开放，寒泉港实验室成为了世界上最早的遗传学研究机构之一。卡内基大楼现在收藏着很多历史文献，包括一个曾协助启动了人类基因组工程（一个描绘了人体内全部基因的国际项目）的提纲。

卡内基大楼的旁边坐落着琼斯大楼，它是美国一直在使用的一个最古老的生物实验室。往室内看，我们可以看到原来留下的一个通高的壁炉以及一群正在显微镜下研究老鼠神经细胞的科学家。室内有很多巨大的钢制容器，其外面装了玻璃，这样设计是为了让这里成为一个无振动的场所，尽管如此，这个开放的空间还是给人一种很繁忙的感觉。由于针对现时的需要对这幢老楼进行了调整性的再利用，琼斯已经赢得了多个建筑大奖。

在迅速浏览过一两个实验室内部的情况之后，可能你会好奇，一个随处可见科学天才的室外院落里会是个什么样子？其实，你只需要想象一下 400 个如同格雷戈里·豪斯博士（Dr. Gregory House）[①]一样的人聚在一起

---

① 格雷戈里·豪斯博士是美国电视剧《豪斯医生》里的主人公，该剧目前是福克斯电视网收视观众最多的电视节目。豪斯医生有着超凡的思维和推理能力，以及丰富的学识和经验，然而也是一个愤世嫉俗的人。——译者注

是什么样子就可以了：他们才华横溢、思维敏捷、一丝不苟，全身心地投入于解决各类复杂的问题之中。

对于一个观察者来说，他们之间的相互交流与互动并不如你所期望的那样。无论是在实验室里工作还是走在去食堂的路上，这些科学家们之间都很少相互注视，更不用说去注意一个参观者了。他们的眼睛会迅速向上看或向两边看，表明他们正把更多的注意力放在他们所探讨的事情上，而不是放在正在说话的人身上。尽管他们之间的谈话在音量上被刻意压低了，但其语速和声音的强度依然令谈话显得很富有激情。不时还会看到某个科学家在发出“啊哈”的一声以后，脸上闪现一线不易觉察的笑，同时眼睛里闪烁着亮光，就如同豪斯医生在弄明白他的病人到底哪里出了毛病以后所表现出的样子。然而，这里有400个才华横溢的大脑，他们像疯子一样思考着很多疾病在遗传学上的解决办法，例如癌症、糖尿病以及老年痴呆症。

在19世纪末、20世纪初，遗传学研究主要集中于优生学（eugenics）方面，这一领域现在早已经失宠多时。在拉丁语中，“eu”是一个前缀，表示“好”的意思，而“genics”是指共同的特征。普遍认为，优生学的主旨就是，“鼓励那些被认为拥有优良的可遗传品质的人生育繁殖”，而不鼓励那些拥有一些不好的可遗传品质的人生育繁殖。[2]（希特勒所谓的优等民族论便是建立在优生模型上的极端例子。）

如《犯罪现场调查》迷们所知

对于今天电视上常播出的犯罪调查类节目来说，DNA的作用就如同苔丝德蒙娜的手帕对于莎士比亚的《奥赛罗》的作用。苔丝德蒙娜掉落的手帕成为理解故事情节展开的关键；同样，本周的《法律与秩序》（*Law and Order*）或《犯罪现场调查》（*CSI*）节目中一个罪犯的DNA，也起到了帮助病理学家确认罪犯和受害者身份的生物标签的作用。同指纹一样，每个人的生物标签都是独一无二的。按照 DNA. gov 这一网站的说法,“DNA 或称脱氧核糖核酸,是一个人整个遗传结构的基本结构单元。它几乎是人体内每一个细胞的组成部分”[3]。

DNA 是一种密码。若干组 DNA 在一起构成了基因,而基因则起到了一种指令作用,它可以激活内嵌于 DNA 片段上的可遗传特征的一连串密码。DNA 中包含了可以用于一套特定指令的语言结构和文字。基因可以解开存在于 DNA 中的密码,而不是相反。我们将利用从现在开始的几个段落向你举一个例子,来说明这具体是一个怎样的过程。

你的 30 亿个 DNA 分子外面覆盖着鞘蛋白。有一些基因,被称作调节基因,它们包含着将鞘蛋白包住或展开的指令,而这又会激活或阻遏 DNA 编码发挥作用。为了从遗传学的角度来寻找一些疾病的治愈方法,研究人员把极大的兴趣都倾注在找出哪些基因能够“锁定”或“冻结住”那些疾病的 DNA 编码的激活键上。如果你能够关闭那些基因,DNA 编码将无法执行那种疾病的程序。科学家们相信,当他们发现了控制疾病的 DNA 的基因机制时,他们一定会开发或设计出能够关闭掉那些基因并且能够中止某一特定疾病发病的分子。

关闭调节基因的分子正在创造着生物化学环境上的一种改变。温度、毒素、污染物也能够诱发环境的改变从而改变某些基因的激活并且随后改变特定的 DNA 片段。

你在高校所学习的有关 DNA 的知识已经过时了

如果你曾经做过脑电图检查,那么你肯定看到过你的大脑所输出的东西以一系列电磁波的形式呈现在纸上。你的心率也会产生一个可测磁场,这些磁信号是另一种能够影响你基因的行为方式的环境诱因。当前的研究已经证明,你可以有意识地改变你的基准情绪水平和思维,从而改变你身体的可测磁输出水平。而这会对你的基因是否会采取行动对于包含某些编码的 DNA 片段发出指令产生影响。你体内的每个细胞都包含有 DNA，DNA 结构不会发生改变。然而，由众多 DNA 所组成的基因会随着外界物理环境、你的思维和情绪，以及你体内的环境而发生改变。

或许你在想：*我在高中、大学或读研时所学到的或在电视上所看到的并不是这样的！*

是的，的确不是这样。那些概念已经过时了。记住：过去人们通常认为地球围绕着太阳公转，是邪魔而不是细菌导致了疾病。科学的精神在于寻求真相，并通过可以证明那些旧观念不再正确的新事实让人们抛弃它们。

正如你将要看到的那样，实验室里的新发现正挑战着你在高校的生物课上所学到的知识。你的体内有成百万的 DNA 分子，它们都服务于数不清的不同目的。人们已经按照严格的标准对其中的一些进行了研究，而且发现这些 DNA 分子受人体内环境的影响非常大。

从思维或身体的角度来看，这既给我们带来了好消息，也带来了坏消息。过去你所学到的有关基因的知识可以让你把你所处的境遇归因于你的基因，你可以说："这不是我的错，我的基因太差了。"而在现在的情形下，坏消息是你无法再通过抱怨不好的基因来为你的不幸福寻找口实，但好消息是，你可以找到新的办法来引导你的情绪和想法，从而令你在基因层面创造重大的生物物理改变的同时，提高你的生活质量。

现在，就让我们准备好，去看看这到底是怎么一回事儿。

在关闭癌症基因方面具有里程碑意义的研究

在位于旧金山的加利福尼亚大学，迪恩·奥尼什（Dean Ornish）博士和他的科研小组对一群决定不做手术、不做放化疗的前列腺癌患者进行了研究。在为期三个月的时间里，这些被研究对象每天都会散步半小时，吃一些蔬菜、豆制品和全麦食品，并且要做减压的冥想练习。最终，这项研究所得出的结果发表在了 2008 年 6 月的《美国科学院院报》上。结果显示，这些人不但血压下降、体重减轻，而且其前列腺癌及乳腺癌基因都关闭了。迪恩·奥尼什指出："这是个激动人心的研究结果，因为人们总是说，'唉，这都是基因所为，我能怎么办呢？'现在，我们已经证明了，实际情况是你可以有所作为。"[4]

欢迎来到表观遗传学的天地

研究基因之间相互作用的科学被称作表观遗传学（epigenetics）。Epi是希腊语前缀，意思是"在……之上"或"比……高"，比如说"epidermis"（表皮）就表示"在 dermis（真皮）之上"。由于提出了表观遗传学这一术语来描述基因与其周围的环境相互作用的方式，康拉德·沃丁顿（Conrad Waddington）因此而声名鹊起。但古希腊哲学家亚里士多德则将渐生论（epigenesis）定义为"从一种未成形的状态向一种有机形式的发展"[5]。奥地利科学家托马斯·杰努韦恩（Thomas Jenuwein）把传统遗传学与表观遗传学之间的差异形象地比作"写一本书与读一本书的差异"。书一旦被写好，其文字内容（DNA）在其所有的副本中都将是相同的。而表观遗传学所读出的东西却是不同的。[6]

作为今天最热门的科学领域之一，表观遗传学探索当你所处的环境发生改变时，你的基因将做出怎样的反应。正如奥尼什的研究所表明的那样，癌症的调节基因可以由环境的改变而开启或关闭。"DNA 只是一个载有信息的磁带，没有播放器，磁带毫无用处。表观遗传学就如同磁带播放器。"英国科学家布赖恩·特纳（Bryan Turner）这样评论道。[7]

表观遗传学的大部分研究都着眼于改变你的基因行为的化学作用。在制药企业的资助下，很多科学家正在寻找分子良方（molecular magic bullets)。但正如你很快会看到的那样,心理上的转变也能改变基因的行为。

改变基因的环境可以诱发产生一种被称作甲基的分子。甲基可以阻止或启动基因对于其本身的一套指令的激活。按照杜克大学基因学研究人员的说法,甲基化作用可以被比喻成"把胶倒在灯的开关上……,开关并没有损坏,但胶阻碍了其功能的发挥"[8]。

布鲁斯·利普顿在其具有开创意义的著作《信仰的生物学》一书中指出,每个人体细胞的细胞膜中都包含了一个信息的传送器和接收器,这种信息是以电磁信号的形式在不同细胞之间传送的,并且叙述了他是如何得出这一结论的。电磁信号可以将指令传达给像甲基这样的分子,而甲基则会作用于基因,从而打断其正常的行为。"DNA 就像计算机中的一个程序。它包含着各种指令,"利普顿博士说,"它不是,不是硬件。"

当老鼠成为坏妈妈的时候

从外行的角度来看,遗传学和表观遗传学提出了一个最基本的问题:先天的还是后天的?

杜克大学放射肿瘤系的遗传学研究人员兰迪·吉尔特尔(Randy Jirtle)博士说:"我们不应该再争论到底是遗传因素对于我们的健康和成长产生的影响更大,还是环境因素产生的影响更大,因为这两者之间也是相互纠缠联系在一起的。每种营养、每次相互作用、每个经验都会通过生化环境的改变而使自身表现出来,而这种改变最终会支配基因的表达,无论你是刚刚出生,还是已经活了 40 个年头。"[9]

2005 年 10 月,在一次由杜克大学所主办的表观遗传学研讨会上,来自蒙特利尔的麦克吉尔大学的药理学与治疗学教授莫舍·西夫(Moshe Szyf)博士,与他的同事迈克尔·米尼(Michael Meaney)研究了老鼠中存在的母亲为孩子梳理毛发的行为。没有接受过妈妈舔舐的幼鼠在成年时会比接受过正确培育的其他幼鼠产生更多的压力荷尔蒙。西夫博士发现,释放出负责调节压力荷尔蒙产生量的蛋白质的基因甲基化的程度比较小。换句话说,由于母鼠没有进行正确的培育行为,因此其后代在产生足够的蛋白质以降低压力荷尔蒙水平方面的能力受到了限制。"我们想表明的观点是,起重要作用的是母亲的行为,而不是基因。"他说道,"行为可以对 DNA 的化学组成产生清晰的影响。"[10]

虐待儿童与自杀之间的行为表观遗传联系

在杜克大学的表观遗传学研讨会结束后,科学家们可能都非常想知道表观遗传因素对于人类是否会有相似的结果。事实上,在检查了 12 个在幼年时期曾经受过虐待的自杀者的大脑后,米尼博士在四年后证实了这样一个结论,即幼年时期所受的虐待可以破坏一个人产生正常的压力荷尔蒙量的遗传能力。在解剖这些受害者的大脑、其他没有报告幼年时曾经受过虐待的自杀者的大脑以及死于自然原因的人的大脑时,人们发现了重大的差异。研究人员得出结论,幼年时所受的虐待对于受基因控制的被称作下丘脑—垂体—肾上腺轴(HPA)的压力反应机制有着破坏性的影响。正常来讲,HPA 的活性是受一种叫作糖皮质激素受体基因的基因所调节的。[11]米尼博士 2009 年的研究发现,这种基因在这 12 个自杀者体内产生了较少的可以调节 HPA 活性的蛋白质,他们得出结论,幼年时期所受的虐待将会使这种基因的能力受阻,令其无法产生合适数量的蛋白质,以稳定 HPA 的产生量。换句话说,这种基因本来应该发挥一种数量稳定器的作用,但在这 12 个幼年时曾经受过虐待的自杀者体内,这个数量稳定器并没有正常工作。相比较而言,幼年时期没有受到过虐待的自杀者的大脑中显示出了正常的受基因调节的蛋白质的量,可以有效地抑制 HPA 的活性。而那些死于除自杀外的其他因素并且也没有报告幼年时曾经受到过虐待的人的大脑也是如此。米尼博士的研究团队于是得出结论，父母粗暴的行为以及漠视子女的行为对于糖皮质激素受体表达的表观遗传调节有着很大的影响。[12]

这项研究的一个重大意义在于，它指出必须要确保有心理障碍和滥用药物的父母接受有效的治疗，因为这两种问题往往会导致虐待行为的发生。那些本身在幼年时期受到过虐待的父母尤其容易出现虐待子女的行为。

人类基因组工程

人的基因组包括人的全部基因——大约有3万个基因，它们组成了30亿对儿DNA分子。当人类基因组工程于1990年10月1日正式启动时，全国人类基因组研究院(National Human Genome Research Institute)、生物与环境研究能量办公部(the Department of Energy Office of Biological and Environmental Research)以及国际人类基因组测序联合体(International Human Genome Sequencing Consortium)设定了一个15年的期限去绘制人类基因组图谱。但这一项目在2003年4月14日提前两年便实现目标，而且刚好在资金预算范围内。包括寒泉港实验室及美国、中国、法国、德国、日本、英国的众多大学在内的研究机构进行了一场全球性的合作，确认并绘制出了一个人体内的全部基因。

随着绘制阶段的完成，人类基因组工程为研究人员们提供了崭新的信息和数据，需要生物信息学专家去分析。遗传学研究人员们一边不断对基因组展开研究，一边每隔24小时就将新的信息发布在人类基因组工程的网站上。[13]由于对健康、疾病防治以及克隆等方面都有重大的影响，人类基因组工程引发了社会、法律及道德上的诸多问题，因此它与最近关于这些复杂话题的讨论一直保持着联系。[14]

人类基因组工程所从事的研究的复杂程度意味着项目的基因捐赠者需要提供的不只是用棉签蘸的唾液——在一般的电视犯罪节目中我们所看到

的需要用来确认某人身份的东西。对于基因组绘制项目来说,DNA 来自于成千上万个匿名的志愿者所捐献的血液。这些志愿者是通过张贴在研究实验室附近的公共广告招募的,在那里,DNA“图书馆”正在筹建之中。志愿者所捐献的血量超过了实际使用量的五倍。该项目的保密工作做得密不透风,人类基因组工程甚至宣称“即使是志愿者本人也不知道他们的样本是否被采纳了”[15]。

你的基因组,你的健康

人类基因组工程不断产生新的信息,这些信息最终很可能会带来个性化的改善健康状况的程序以及预防性的药物。例如,如果你拥有某种在你的后半生可能出现的疾病的基因,那么你可以决定是采取一种基于表观遗传学研究的自我护理计划,还是使用一种西药或中草药,来抑制或关闭那些包括着让 DNA 显示出某种疾病(比如糖尿病或癌症)的指令的调节基因。

全国人类基因组研究有一个描绘遗传性变异的项目,被称作人类基因组单体型图计划(HapMap),该计划一直在寻找像哮喘、老年痴呆、冠状动脉心脏病等疾病的基因线索。研究人员也在利用 HapMap 来寻找可以改变基因的行为机制的环境因素。

《你基因中的妖怪》一书的作者道森·彻奇博士领导的一个研究小组,正在寻找当一群研究主体的情绪状态改变时所发生的基因改变。他和他的团队已经发现了 48 个可以预测脑外伤后遗症的基因。通过对一些遭受脑外伤后遗症之苦的研究主体使用一种被称作情绪自由技术的穴位按摩技术,研究人员正准备对那 48 个基因在医疗干预前后的活性进行一番考察。情绪自由技术被认为是能量心理学,因为这种方法利用了人身体上相当于腧穴的某些部位,这些部位会释放能量以减轻脑外伤后遗症的一些症状,如幻觉重现、过度警觉以及避人等。

"从实验的角度来看，能量心理学对于焦虑、沮丧、肉体上的疼痛以及脑外伤后遗症来说是一种非常有效的表观遗传学干预手段。"彻奇博士说。然而，他很快又警告说："行为表观遗传学在这一点上仍持保留态度，因为大部分的工作还是按照老的药物模式来做的：找到可以被一种神药制服的基因，即使长期来看它对你的健康可能有损害作用。"[16]但正如奥尼什的研究所表明的那样，你可以通过节食、锻炼以及冥想等不为制药企业带来利润的方式来发生积极的基因改变。像冥想、散步、健康饮食、穴位按摩、运动机能学、催眠、神经语言编程等干预手段可能会提供安全、自然、有效的方式来利用你自身的生理表观遗传机制，以推动你大脑中血清素的产生量——血清素是一种神经传导素，它可将你的心情提升到一种新的、可持续的幸福与快乐水平上。

向前看

表观遗传学研究基因的行为方式，而且在临床中已经证明，物质（外在）和精神（内在）环境——热量、污染、化学物质以及变化的思维模式——可以改变特定的 DNA 分子。

表观遗传学被认为是最热门的新科学之一，它代表着医学和个性化健康保健的未来。人们不但可以用吃中西药的方法来关闭掉那些可以激活某些疾病或缺陷的 DNA 的基因，而且表观遗传学也会为你提供安全、天然且有效的选择，不会对你造成任何损伤，也没有任何危及生命的副作用。

现在，你有没有做好准备去探究一下这些新选择呢？

留给读者们的问题

为了更加充分地理解每章所提出的一些概念和信息，或许你会希望仔细思考下面这些问题并将你的想法记在读书日记中。对于开放式的问题所采用的这种苏格拉底式的思考方法也可以运用到课堂、研讨会以及阅读小组讨论中。

1. 关于你的 DNA,你了解多少?

2. 你认为你能形成(或忽视)一种遗传特性吗,比如说音乐或运动方面的能力?

3. 你认为你的某些 DNA 是不能改变的吗?

4. 对于下面的这条陈述,你有什么看法——“我被我的基因给害了”?

第二章　表观遗传学、进化和你

这种暴力与贪婪的倾向是具有心理灵性(psychospiritual)属性的。随着每个个体转向内心并经历了深刻的转变,物种的进化发生了。

——斯塔尼斯拉夫·格罗夫博士

如果你在想,你的基因中以编码的形式存在的生物指令不一定总是处于活化状态,那么你可能会好奇,你的思想、情感以及行为如何能对后代产生一种涟漪效应。

尽管你不能控制你个人基因组的内容,但你可以做出很多种能够改善你的健康状况以及心情的选择。正如奥尼什的研究所证实的那样,健康饮食、每天半小时的散步以及基本的冥想实际上都可以关闭掉成百上千个癌症基因。有谁会不愿意那样呢?

这个研究结果对于你和你的家庭意味着什么呢?既然环境可以在不改变DNA序列的情况下影响一个基因组后代的发展,那么我们在我们的有生之年所做出的积极改变是否会对我们的后代产生积极影响呢?[1]

坐落于明尼苏达州罗切斯特(Rochester)的梅约医院(Mayo Clinic)最近进行的一项研究得出结论,当你的健康状况极佳时,你感觉幸福的可能性相当于你在健康状况良好时感觉幸福的可能性的两倍;而当你的健康状况糟糕时,你感觉幸福的可能性要比你的健康状况良好时低70%。[2]

这些研究结果表明，当你培养快乐的思维、感觉及行为习惯时，你可以产生表观遗传方面的改变，而这种改变可以影响进化的进程。

你可以利用精神表达、认知工具、利他性行为、专注、祈祷、营养及锻炼身体等多种选择来提高你的情绪基准——不仅仅是为现在，而且很可能是为未来的几代人。此外，梅约医院的研究还发现，那些你有意、积极、主动选择的活动在长期很可能会提高你的幸福水平。[3]

除了帮助科学家发现能够关闭特定疾病的基因的分子钥匙外，表观遗传学的前沿领域对于那些寻求非化学干预手段来改变控制某些基因的环境的研究人员也是敞开着的。吉尔特尔博士说："表观基因组的柔性让我们可以对我们自身及我们子女的健康拥有控制力。"[4]

我们来回想一下第一章所提到的对老鼠行为的研究。相对于那些接受到合适程度的母爱(表现为母亲的舔舐行为)的老鼠来讲，被母亲忽视的老鼠在成长过程中会伴有更高的压力水平和焦虑度。这不仅表明，在幼年时期缺少关爱会影响成年老鼠调节压力荷尔蒙的遗传能力，而且也表明，一个幼鼠的表观基因组如何通过激活我们所讨论的调节基因来发挥作用。换句话说，母亲的关爱行为会使幼鼠更为平静地成长，即便是在充满压力的条件下。[5] 正如你将会看到的那样，表观基因组对于人际关系的响应性为那些证明深厚的友谊和社会支持对于福利和幸福至关重要的诸多研究提供了更进一步的支持。就连基因也会说：没错，是这样的。

进化的十字路口

尽管人类已经在科学知识及技术方面取得了很大的进步，然而一旦受到保护自己的领土这样一种本能的驱使时，人类的行为就会同我们石器时代的祖先如出一辙。生存的动力通常会导致一种"我们对他们"的思维定式，而这种思维定式可能具有暴力性和破坏性，从而让个人幸福变得彻底不可能。

诺贝尔奖得主、科学家罗杰・斯佩里博士在他所接受的最后几次采访中,有一次这样告诉记者劳丽・纳德尔:“有时我觉得我们正进化成一个智商相对低下的物种。我们已经成为进化史上第一个用自己的智慧发明了让我们自身毁灭的方法的物种。我觉得这让人很沮丧。”斯佩里博士所关心的问题也得到了很多颇有声望的科学家的呼应,这些人也都接受过劳丽・纳德尔的采访,包括乔纳斯・索尔克(Jonas Salk)、前宇航员爱德加・米切尔以及生物学家布鲁斯・利普顿。

在《现实的解剖:直觉与推理的合并》(*The Anatomy of Reality: The Merging of Intuition and Reason*)一书中,发明了索尔克脊髓灰质炎疫苗的乔纳斯・索尔克博士这样写道:“人类思维的进化……依赖于直觉与推理的进化。”[6] 人类要想持续进化下去,就必须像看待逻辑与推理那样看待移情(empathy)与相互关联(interconnectedness)。直到我们开始觉察到我们个人的信仰、情感及行为会影响其他人类,我们都会一直处于一种将我们自身推理至灭亡的危险之中。索尔克博士认为,人类拥有有意识进化的潜能,而不仅仅是作为一种肉体的生存过程而进化。按照他所谓的“生物哲学”的说法,进化既是一种生物行为,也是一种有意识、充满思维活动的行为。在他辞世之前,他号召科学家和人文学领域的研究人员共同协作,“为了人类生活和人类社会整体的最大价值,去做出自然到目前为止已经做出的决策和抉择”[7]。

从外太空到有意识进化

当前宇航员爱德加・米切尔发现在宇宙的法则之外还有一种更高级智慧(Higher Intelligence)存在时,他对太空有了一种顿悟。他于1973年离开了美国国家航空航天管理局,并成立了智力科学研究院(Institute for Noetic

Sciences)，这是一个研究意识、直觉和类似身心康复这样的现象的研究机构。在《探索者的路》(*The Way of the Explorer*)一书中，对于我们的意识会如何影响人类的进化，他提出了他的观点。为了进一步阐述他的观点，他说："我们的进化是一个学习的过程。比如，当我们开始练习冥想的时候，我们就会对瑜伽练习者、预言家及所有宗教的神秘主义者所描述的那种超然性体验持一种开放的态度。我们感到我们自己通过上帝与其他人联系起来，而这反过来又会引发行为上的改变。我们会放弃暴力。"[8]

你有"牺牲品因子吗"？

《纽约时报》畅销书作者、科学家格雷格·布雷登同意这一观点。他说："对于我来说，这意义重大。我们都是带着一种参与这个世界的能力来到这个世界上的。如果我们对于这个世界毫无帮助、无所作为，只不过是我们所处的这个世界或我们的生活的牺牲品的话，那么我们来到这个世界将没有任何意义。"[9] 尽管表观遗传学指出了 DNA 的重要性，但 DNA 编码仍然需要接受能教给它如何在人体内发挥作用的指导。"这些指导来自于我们周围的环境，既包括我们所处的外界物理环境，也包括思想、感觉、信仰和情绪等情感环境。现在，这些因素直接联系起来，它们可以让我们体内的基因进行最充分的表达，也可以阻止那种表达。"布雷登又进一步指出，"当我们觉得我们只是无所作为的牺牲品时，那种牺牲品因子便被释放到我们的体内。这时我们便会得到一种低免疫应答，我们的身体也不会很强壮，适应性也不会很强。归根结底，正是你的那种思想促使了指导免疫系统 DNA 的电磁信号的形成。"[10]

人类的进化需要发生改变。而这种改变的发生将取决于人们能否改变他们的感觉。"当我们在我们所处的世界感到安全，我们学着去爱而不是担惊受怕时，我们的内心就会将这些编码发送给我们的大脑。"布雷登说，而大脑会通过向你的身体赋予“积极生活态度(life - affirming)因子、积极生活态度荷尔蒙以及一个强大的免疫系统”等方式来对这些信号做出反应。布雷登也指出,尽管我们的思想在激活那些促使我们的身体做出最优反应的基因时发挥了重要作用,但我们并没有意识到这一点。[11]

表观遗传学近期的研究显示,人的生活经历和所处的环境能够影响某些基因的行为。正如我们在前文已经看到的那样,情绪不稳定或对孩子疏忽大意的父母会在不知不觉中将他们孩子体内调节压力荷尔蒙数量的基因关闭掉。而以这种方式受到伤害的孩子们很容易出现比较严重的慢性焦虑症、创伤后应激障碍以及情绪不稳定的情况。“众所周知,父母的行为会对孩子产生影响。我的论文提出了一种方式,妊娠期前父母的心理状况可以以这种方式对孩子的基因产生实际的影响。”阿尔伯托·哈拉比·布卡伊(Alberto Halabe Bucay)博士说道。哈拉比博士曾经在《生物假说》(*bioscience hypotheses*)杂志上发表过一篇文章,这本杂志是以引人入胜的假说为特色的,而不关注那些必须要经历同行审查过程的科学研究。[12]

在你培养令你快乐的思维、情感和行为习惯时,你会强化自己的某些个性特征,而这些个性特征会被你的孩子所继承。苏格兰心理学家亚历山大·韦斯(Alexander Weiss)说:“尽管快乐与否受制于诸多外部因素的影响,但我们发现,快乐还是有一种可遗传的成分可以由个性的基因架构来解释的。”[13]换句话说,一些个性特征,比如说非常阳光的气质,既可能是受你父母的基因所影响,也可能与你童年时的经历有关。而且,父母的基因可能会随着生活的际遇而发生相应的改变,从而将他们的一些受伤的基因传给你。

你可以利用这一信息来持续构筑你幸福的生活,这真是再好不过了。这样做后你会发现,不仅你的生活变得更美好了,而且你的健康状况也提高了,你自己的幸福基因也被激活、被表达、被传递给你的下一代,甚至有可能传递给他们的孩子的孩子。

你真实的情感和你的 DNA

自 1990 年起，位于加利福尼亚博尔德克里克（Boulder Creek）的美国心脏数理研究所（Institute of Heartmath）一直在进行着关于心脏与头脑合并的生理学研究。具体来说，数理研究所已经开发出了技术和方案去衡量罗林斯·麦克拉蒂博士所谓的“心灵智力”（“the intelligence of the heart”）。麦克拉蒂博士是心脏数理研究所的一位创始人，他所从事的研究产生了大量的科学信息，这些信息证明了若干世纪以来的文学作品、音乐作品、美术作品所表达的：“心灵是通往精神的入口。”[14]

利用一种被称作“电磁监视器”（emWave monitor）的设备，科学家们为他们所谓的“一种与感激、关怀和同情等积极情绪相关的生理状态”开发出了一个模型。这种新形式的生物反馈技术会测量一个人的心率变异性（HRV）。“心脏的跳动状况反映了我们当前的情绪状况。如果它的跳动状况与其应有的状况不一致，那么这很可能说明我们情绪低落或者生了病。当我们生气的时候，HRV 指标便会出现一种不规则的情况。”麦克拉蒂如是说。[15]

当你感到快乐的时候，你的 HRV 曲线比较平滑，如同正弦的波浪线一样。当心脏向大脑传递的信息相互之间比较协调时，大脑便会将其解读为一种良好的感觉。

这种由心脏所产生的磁场要比由脑电波所产生的磁性大得多。这种磁场对于与人的情绪状态有关的信息进行了加密。它所起的作用就好比无线电中的载波（carrier wave）一样。麦克拉蒂说：“我们全部细胞中的全部 DNA 都会受到那种源自心脏的磁场的影响。”[16]

心脏数理研究所的研究人员利用他们自己开发的电磁监视器心律反馈

技术现在已经能测出两个相距达五英尺的人其中一个人的心跳和另一个人的脑电波。他们可以测出当上述心电波和脑电波同时发生而引发移情时，会出现什么状况。

大量利用个人电磁监视器设备去获得这种协调状态的对于个体的研究都报告了很多额外的好处，比如最优的认知功能、感知与动作的统合、头脑与意念更强大的联系以及更加敏锐的直觉。麦克拉蒂说："这些工具和技巧提高了我们更加睿智、合理地进行自我调节的能力。"他将这一过程描述为一种实用的工具，"这种工具可以帮助人们去做那些他们一直说他们应该去做但却不知道怎样去做的事情，就像一个最基本的指南一样"[17]。

为了不让你把协调性与冥想的意义等同化，麦克拉蒂指出，大多数的冥想状态都不会导致协调状态。为此，他又进一步将协调状态定义为"精神内守、掌控一切、积极有加"。当你完全处于一种友善与同情的状态时，便会出现一种可测的生理状态，这种状态会反映在可变化的心律上。麦克拉蒂说："这与你的内心思想无关，而是与你的情绪有关。"[18]

近期由麦克拉蒂和他的同事所做的一系列实验室实验提出了这样的证据，即实验参与主体的 DNA 会因专注的意向(focused intention)和积极的情绪状态而发生改变。通过使用紫外分光光度仪(ultraviolet spectrophotometer)来测量 DNA 所吸收的特定的波长，科学家们利用热量部分地将被用作目标的一个 DNA 片段进行了解旋(unwind)。实验参与主体包括治疗师、大学生以及从大街上随机邀请来参与这个实验的人。研究人员发现，要想得到可靠的研究结果，两个变量是非常关键的。为了能够有意地让 DNA 旋结(wind)或解旋，必须让一个人处于麦克拉蒂所谓的"全系统协调"状态，在这种状态下，心律反映了一种可测的心脏协调状态并且有旋结或解旋 DNA 的意向。"你可能处于一种高度协调的状态，没有那种意向，也可能你头脑中有那种意向但并不处于心脏协调状态中，无论哪种情况，DNA 都不会发生改变。”[19]

你能改变进化的进程吗？

我们不妨将思维变得大胆一些：既然大量的科学实验都证明了在积极的情绪状态和基因改变之间存在直接的因果关系，那么我们应该可以通过让自己变成一个幸福和快乐的人而改变人类进化的进程。

但这样的话你要失去什么东西呢？

焦虑？沮丧？不安全感？妄自菲薄？一些不良嗜好？一些具有破坏性的行为方式，包括但不仅限于对孩子使用暴力？

而你又会得到什么东西呢？

积极的人生观？更乐观的情绪？遭遇挫折后重新振作起来的能力？不畏惧障碍而是把它看成一种机遇的能力？健康的生活习惯？改善的免疫系统功能？更健康的身体？更加幸福的家庭？在日常生活中发现快乐的能力？知道你的选择可以关闭也可以打开某些基因，从而为你自己和你的后代创造健康的未来？

采取第一步

你是否曾经问过自己这样的问题：“它究竟能变得多好？”

干吗不问问呢？

当你问你自己这个问题时，你的内心、你的头脑以及你整个人发生了怎样的变化？

如果你每次刷牙或洗脸的时候，你都对着镜子里的你问“它究竟能变得多好？”，那么会发生什么情况？

如果你教你的孩子每天每晚都那样去做会发生什么情况？

我们不能预测未来，但我们却总想让自己和我们的家庭变得更快乐……还有我们的 DNA。

结论

的确，表观遗传学的这些研究代表了这一新兴的科学所取得的最初的一些成果。但这些研究结果却意义深远，你可以利用这些成果让你的生活发生积极的改变。

留给读者们的问题

◇ 这项研究如何能帮助你成为一个更加幸福的人？

◇ 对于你的幸福程度对你的后代有积极的影响这一结论，你有什么反应？

◇ 对于有意识进化这一概念，你持赞同还是反对的观点？

◇ 你认为人类正在进化成一个更高智商的物种还是一个更低智商的物种？

◇ 你想把从本章中学到的哪些东西用到你自己的生活当中？

第三章　精神基因的力量

如果人类想存活下来,自我超越是必需的。

——爱德加·米切尔

在科学家们找到证据证明我们并不是我们基因的牺牲品之前,语言是将人的主观体验进行系统编辑的唯一方法。类似关爱你的邻居、忠诚、希望、灵魂、精神、内心以及精髓这样的术语被用来表达幸福、快乐、陶醉、心境平和以及神圣的目标这样一些精神状态。

近来微观生物学、细胞行为学和遗传学方面的研究并没有否定主观体验的重要性。准确地说,这些研究结果恰恰提供了证据证明与幸福感相关的精神状态具有生物基础。养成快乐的习惯是上天赋予你的与生俱来的生物权利。这些习惯让构成成就感与幸福的生物蓝图的精神基因的表达成为可能。

而且,这些发现增加了关于人类本质的现有知识。它们表明,我们的身体、头脑和精神确实存在着相互关联。你的精神 DNA 正等着被唤醒,这样你的生活状况——及其他人的生活状况——就会得到改善,因为你的灵魂已经意识到了它的真正目的:尊重你与造物主之间的联系。在所有有记录的时间里,在各种文化之中,无论是现存的文化还是已经消亡的文化,人类都在寻求与这种看不见的比任何个人或人类集体都更强大的力量的联系。

造物主有很多名字:上帝、救世主(the One)、源(the Source)、宇宙(the Universe)、神奇的力量(the Higher Power)以及神灵(Spirit)(这仅仅是一小部分例子)。

现在,我们知道真正的内在幸福来自于表达一种拥有生物基础的精神本能。做人就要去寻找上帝。

我们的藏宝图便存在于其中。

生物藏宝图

坎达丝·珀特(Candace Pert)在其巨著《情绪的分子》(*Molecules of Emotion*)一书中,证明了情绪是以分子的形式存储在大脑的边缘系统中的。边缘系统也叫"联系的大脑"和"情绪的大脑"。

最有感染力的情绪是那些能带来快乐、灵感以及令苦难都变得可承受的爱的情绪。这些情绪是那些让我们感到快乐的选择和行为的结果。当我们通过一个精神过滤器来观察幸福感的时候,我们意识到幸福并不意味着没有痛苦。当生病或受伤的孩子开始出现好转时,尽管他们还处于病痛之中,但他们的父母内心都会有种抑制不住的喜悦之情。这种喜悦便是源自与先前所遭受的痛苦的对比。

类似这种体验会进入到大脑边缘系统的化学档案馆中。每次当你体验到真正的快乐时,存储的情绪便会随着你获得了比你记忆中的快乐更深层次的快乐而被激活。从某种意义上来说,精神基因就是幸福的生物藏宝图。

通过培养那些能够让这些优良的情绪状态的分子变得更强大的信念和行为,你的基准情绪状态会得到提升,这样你便会成为一个更加快乐的人。换句话说,假设有一个衡量快乐程度的标尺,10 表示快乐的最大值,而 0 表示你感受不到任何与快乐类似的东西,而你每天早上醒来时能感受到的快乐程度是 4 或 5(这就是你的基准情绪状态),那么你就可以培养自己形成新思维或行为习惯来将你的基准情绪状态提高到6、7甚至8。我们想说，通过练习，你可以将你的基准情绪状态提高到9或10。

试试这个实验：

◇ 明天早晨起床的时候，审视一下你自己的心情。

◇ 按照从0到10这样的尺度为你的快乐程度评个分。把分数记下来，并同时记下日期。

◇ 按照上述方式连续记下7～10天的数值从而得到你的基准状态。

◇ 随着你继续阅读本书并做完最后一章的练习后，再连续记下7～10天醒来时的基准状态。

你很可能会对最后的结果感到非常惊喜。

留给读者们的问题

◇ 你用哪些词汇来描述幸福与快乐？

◇ “做人就要去寻找上帝。”对于这句话你持赞同还是反对观点？为什么？

◇ 你的基准情绪状态如何？

第二部分　喜欢那种感觉

第四章　人类祖先的精神本能

在古代世界中，人们认为只有参与到这种神圣的生活中来，他们才会真正地成为人。

——卡伦·阿姆斯特朗　《上帝的历史》

上万年以前，人类的祖先在他们所居住的洞穴的墙上画出了星星、月亮、太阳和十字架。这太简单了，连穴居人都可以做到！

近代对这些原始的歪歪扭扭的曲线的分析表明，尼安德特人（Neanderthal）的大脑里所想的不仅仅是寻找食物、衣服和居所——尽管你在学校中学到的可能是这样。其实，你也不应该忘记还有另外一种本能在驱使着人类的祖先——私通（fornication）。如果没有繁育后代这种动力的驱使，谁知道会发生什么呢？也许，你根本就不会处在现在这个进化阶段。也许，你根本就不会存在。

直到最近，人们才承认生活在7万年前的人类拥有一些一直没有被发现的本能。但在过去的十年间，一场平静的革命一直在动摇着科学家们解释石器时代的祖先生活的证据时所依靠的假设。其实，他们不只是发着"咕噜咕噜"的声音在狩猎、自我保护、生育后代，这批最早的人类还留下了很多古器物和一些原始的标记，而这些都表明了他们的另外一种生物本能，这种本能对于现在生活在21世纪的人类来讲有着深刻的含义。

原型与精神本能

月亮、星星、太阳以及十字这种原始标记为我们提供了视觉证据，证明了即使在语言出现之前，人类的基因编码也包含了精神活动的生物本能。尽管它与人类对食物、衣服、居所以及性的有形需求并无直接关联，但人类的祖先还是本能地去寻求与这种看不见的神秘的力量之间的联系。

2006 年，考古学家发现了人类精神本能的最早证据。在非洲国家博茨瓦纳一个山洞的岩石壁上，他们发现了大约 7 万年前刻上去的由 300 个锯齿形状（模仿蛇的鳞片、身体和头）组成的蛇形图案。一位加拿大的石器时代工具专家希拉·库尔森（Sheila Coulson）告诉路透社记者："我们认为这是关于宗教的最早的考古证据。"[1]

对于博茨瓦纳北部的原住民桑人（San people）来说，蛇形标志被看作是强大和神圣的象征。他们认为，人类是这些体形庞大的蛇的后代。他们当地的小河所拥有的自然的曲线形状也被他们看作是古时候的一位蛇神沿地表爬行的结果。库尔森女士说："蛇形标志贯穿于南部非洲所有的神话、故事及文化之中。"

在洞中，科学家们发现了上百个矛尖，但没有发现兽骨、炊具和用来烧饭的火的证据。没有发现这些日常活动的器具表明这个洞是被用于宗教仪式活动的。而且，洞里面有一个呈弯曲形状的内室，使人联想到一条蛇。考古学家们推断，这个内室可能是巫师为仪式做准备的地方。通过这些刻在岩石上的原始标志，人类的祖先们留下了他们探求神话与意义的有形证据。尽管这些标志与后来的人类文明中出现的精神艺术品相比显得太简单，但这种石器时代的蛇形标志有力地提醒了我们，神话以一种光凭逻辑和推理不可能办到的方式将我们与我们内心的最深处联系到一起。

类似蛇形标志这种人为的痕迹见证了一种强大的生物本能，它超越了我们先前对早期人类需求的理解。人类祖先的 DNA 中的某些东西驱使着他们从事如下的行为：

◇ 为仪式活动划出特定区域；
◇ 在这些划定的区域内以群体为单位聚集起来；
◇ 参与一些与生存没有直接关联的活动；
◇ 利用原始的符号创造和制作图画；
◇ 从能够接收并解释来自看不见的世界和自然世界的信息的巫师那里寻求建议。

巫师的作用

考古证据表明，巫师的魔法是这个行星上最古老的精神实践活动。众多部落群体聚集在一起接受一个男巫或女巫的教诲或指导，而他们所提供的是一种精神力量而非物质力量。一个巫师会告诉人们哪些植物是可以用来治病的，而哪些可能会置人于死地。他会在这些方面得到其前辈的训练，比如说进入改变的意识状态、神智清醒地做梦以及与精神世界直接交流。通过占卜，巫师会获得如何为神灵准备特殊供品的信息。而后神灵则会指导猎人们找到大量的兽群。后来，人们可以得到的信息还扩展到了保护庄稼上。巫师们了解造物、生命以及死亡的全部信息。无论古代还是现代的巫师都认为，整个自然界都会说话。解释包含在空气、水、泥土和火中的信息是巫师们的任务。[2]

近来，人们对于不同精神信仰的好奇心不断增加，这导致在西方工业化国家中魔法出现了复兴的态势。但是在美国政府的职业名称手册里，你是找不到巫师这个职业的。尽管人们对于魔法的兴趣日益升温，然而它还只是在全世界各地的土著文化中盛行的一种传统实践。医学博士伊芙·布鲁斯（Eve Bruce）说："在崇尚魔法的社群中，大部分的信息被认为是以一种比声音更微妙的形式传递给人们的……通过生活中的机缘巧合(synchronicities)、通过气候的变化,甚至通过疾病。”这位来自马里兰州的整形外科医生在其所著的《巫医博士:一名整形外科医生在整形世界中的非凡之旅》(*Shaman M. D.: A Plastic Surgeon's Remarkable Journey into the World of Shapeshifting*)一书中描写了她的探索之旅。

随着科学家们继续深入了解精神活动的生物本质,巫师的 DNA 中最终可能也会被证明包含有大量的信息。如同一些人拥有数学或音乐方面的天分一样,也很可能存在这样一些人,他们的直觉和精神天分也以编码的形式存在于他们的基因中。

从基本宗教到一神论

人类祖先的生存取决于其与自然世界的共存。因此,个体化的神灵化身,例如火神或河神,都是以一种灵媒的形象出现就不足为奇了,这可以方便人类与超自然王国之间的互动。

对于生长在 21 世纪工业化世界中的你来说,这样的精神信仰或许看起来有些幼稚。然而,向个体化的神灵化身祈祷仅仅是人们不计其数的精神活动的一部分。在天主教和东正教里,这种化身是圣人。在印度教中,他们被称作神。

一神宗教——犹太教、基督教、伊斯兰教以及琐罗亚斯德教——是建立在只有唯一一个至高无上的神的基本信念基础上的。(圣人、天使和守护神被认为是服侍这个至高无上的神的,他们是他与人类之间沟通的媒介。)所有的一神宗教都有着共同的信念,即这个至高无上的神拥有绝对的权威、绝对的知识,对于每个人及整个人类都有明确的意图。正如《圣经》和《古兰经》中所描述的,至高无上的神(上帝或真主)会对人们发怒,也会为人们感到高兴。东方的一些宗教,如印度教、道教、佛教和儒教都认为,这个至高无上的神是一种具有无限的悲悯之心的看不见的博爱力量，它不具备人类的性格特征。

生命的持续性

所有的精神信仰都有一个核心教义，那就是信仰生命的持续性。当我们的肉身走到尽头的时候，我们的本质或精神离开了肉身进入了来世。在这一点上，宗教变得有些不太光彩，因为有些宗教向那些没有皈依它们的人宣扬他们会遭受苦难和诅咒。而其他的一些风俗信仰则教育人们，死后灵魂离开了肉身，然后开始历经几个意识状态的旅行，在这一过程中，灵魂会考察它在人的生命期间所学到的东西。许多宗教都认为，灵魂会一次又一次地化身为新的形体，每个生命期都会被当作成长、改变和学习的机会。一个人死后怎样进步在一定程度上取决于他在给定的一个生命期的意识。

至于你在哪里转世，以及会发生什么事情都是个谜。你的信仰可能会为你提供一种安慰，但是接下来会发生什么，这种体验始终没有人经历过。无论你是信奉上天、地狱、中阴身(bardo state)，还是什么都不信，来世都没有道路指南。尽管我们经常会听到关于人临死前的一些奇闻逸事般的内容及类似的描述，比如说灵魂离开肉身后会通过一个隧道升向一道赐福的白光，但当你死的时候那是不是真的会发生呢？没有人知道答案。

这些信仰源自哪里呢？它们属于我们精神本能的一个方面吗？最早的认为人死后有来世的葬礼开始于距今3万~5万年前的某个地方。在欧洲和亚洲的一些高山山洞的原始祭坛上发现的牲畜祭品被烧焦的遗骸提供了进一步的证据，证明了石器时代的人们对于生命的持续性拥有某种信仰体系。

当人类的祖先们死后被下葬时，他们的坟墓里会被精心地放置好一些工具、武器、衣物以及其他必需品，从而为他们未来要走的这段旅程做准备。

他们的尸体会被埋进一个用来代表女人阴道的坟墓里——那里是孕育行为的发生地。这表明一个人的灵魂正在“另一个世界”里得到重生。尸体旁边还放有贝壳、象牙和兽骨制成的物品以及大量赭红色的粉末——这是血的颜色，因而代表着生命的力量。人类的祖先认为，这些东西在他们的来生会很有用处。就连血红色的粉末也可以被用作人体颜料，它对于灵魂新附着的躯体的再生是非常有好处的。

有意识的进化

随着人类从一个依靠狩猎和采集为生的物种进化成一个能够依靠耕种土地来获取食物的物种，其意识也发生了转变。由于农业的种植和收割技能都有了改善，这使得食物的供应变得更加可预测。同早期一样，人类依旧聚集在一起组成小团体，小团体再构成大社群。一起居住、狩猎、耕种让他们得到了更多的保护，从而降低了遭受食肉动物伤害的可能以及其他对他们的生存所构成的威胁。

人类的农业革命开始于距今11,000年前的中东地区。（伟大的埃及文明大约形成于距今7,000年以前，差不多是公元前5,000年。）普遍认为，生活在公元前9,000年以前的人类对于他们自己的内心世界是并不了解的。他们所经历的任何事情都是受自然的左右，而自我则不起作用。了解他们后，你会发现他们不存在思想和情感，也不存在什么自我意识或者对生活的主观感受。随着人类物种的进化，女性培养起一种听懂孩子发出的“呼唤”的能力，这种“呼唤”是哺乳动物的后代所发出的一种特别的声音，它能够引发母亲保护孩子的本能。随着人类意识的进化，人类逐渐形成了思想、情感以及认知力。这种深入内心的进程随着意识的发展而为人类所了解。从此，人类的祖先便不再仅限于形体上的生存了。

在社群中生活要比那种靠狩猎和采集生存的生活有更高的要求。石器时代的人们不思考,也没有语言。他们之间的谈话——如果你愿意这么称呼他们之间的那种交流的话——完全是受他们最基本的安全需求支配的,这种谈话其实就是从喉咙里发出的“咕噜咕噜”的声音,用来警示其他人提防危险情况。随着语言的进化,人们可以比以前表达出复杂程度更高的关心。而随着人们能够用白天、雨季以及潮汐和月亮的循环往复来衡量未来的时间,他们的规划和组织能力也得到了进化。

神的诞生

随着社群逐渐发展成为更大、更复杂的文化群落,某些人开始成为领导者。一个社群的成员会聚集在一起听取领导者给出的意见、下达的命令以及做出的指导。当领导者去世的时候,据信他的追随者们还能够听到他的声音,并将其作为内化的指令。在《基督教存在的结构》(*Structures of Christian Existence*)一书中,作者约翰·科布(John Cobb)推测,这种领导者声音的内化可能是神的第一次概念化。

而这又给我们提出了一个“鸡生蛋还是蛋生鸡”的问题:自我认知和人类意识方面的巨大转变是生物进化的结果呢,还是说,正如分子生物学近来的研究结果所表明的,人类意识所发生的转变是一种能导致人类的DNA发生生物改变的环境诱因?

精神本能

来自新生物学的证据表明,即便是在语言出现之前,人类祖先对于精神活动的生物本能就与其生理机能联系在一起了。如果有什么东西妨碍了他们展示他们的那种将蛇形图案刻在博茨瓦纳那个山洞的岩壁上的本能的话,他们可能会拿起武器保护他们出于本能而行事的权利,就像保护他们的食物和住所一样。

“精神信仰(spirituality)”一词来自于中古拉丁语中的单词“spiritualitas”。在中古英语时期,大概 1375—1425 年期间开始正式使用。[3] 精神性被定义为:

◇ 属于精神范畴;

◇ 本质上是非物质的或无形的;

◇ 在思想或生活中所体现出的主要是精神方面的特征;有精神方面的倾向。[4]

自从 20 世纪的最后 25 年起,精神信仰便成为了一个热门话题,以至于这个词都成为人们口头中经常出现的词汇。在 20 世纪 60 年代,“精神的(spiritual)”一词是指非洲裔美国人宗教仪式上所播放的福音音乐。“招魂术(Spiritualism)”一词指的是一种主张人死后仍可以进行交流的宗教信仰。个体的精神性这一概念还没有流行开来。而现在,走进任何一家图书馆或书店,你都可以发现关于这一主题的成百上千种图书、CD 和 DVD 光盘。

精神信仰通常是一种很神秘的内在过程,具有很强的私人性。同任何宗教都不同,精神信仰不一定是很系统的,它既可以是一个人独自的行为,也可以是多人之间共同的行为。宗教是一个有组织的社群,这个社群中的人们会加入到一个组织中,他们拥有共同的精神信仰、共同的伦理道德,参加共同的宗教仪式。有一个叫 Match. com 的网站,这个网站上的人把他们自己描绘成“崇尚精神信仰但不信教”。如果你遇到他们中的某个人,你会发现他们习惯性的事务不包括定期在教堂或清真寺做礼拜。通常,“崇尚精神信仰但不信教”的人的特点是他们会对多个宗教的祈祷活动和仪式兼收并蓄。

在《第四本能:灵魂的召唤》(*The Fourth Instinct*: *The Call of the Soul*)一书中,阿里安娜·赫芬顿(Arianna Huffington)写道:“宗教是一个人对至高无上的神(如上帝)的回应;人们聚在一起,在歌声中垂首祈祷。但宗教也是上帝对人类的回应。当宗教存在并且充满活力的时候，它会帮助我们与上帝连通起来，与所有事物的精神现实连通起来……第四本能渴望与神灵之间的一种积极的关系。”

在新生物学的背景下，精神信仰可以被定义成一种受基因影响的对于超自然个体（例如宇宙、源、上帝等等）的信仰以及一种基于同情、喜爱、正直、无私的服务等价值观的伦理道德规范。无论是精神信仰还是宗教都有道德行为规范，这些规范指导约束着人们的意图与行为。然而，道德规范解决的是人类之间相互尊重的问题，而精神信仰与宗教针对的则是个人与上帝、神灵以及宇宙之间的关系。

精神信仰、宗教以及利他主义道德规范的诞生

随着社群的进化，各种价值观逐渐出现，比如求真、正直、自由、服务，以及为了共同的利益而牺牲等等。或许你并不认为这些特定的价值观对于你的个人幸福来讲是必要的，但你的价值观会影响你对于什么会创造快乐体验或什么会减少快乐体验的主观看法。

随着社群中的人们慢慢意识到，他们需要相互关心才能让社群繁荣壮大，道理准则和利他主义逐渐发展起来。在生存需求之外，人类开始寻求能够给他们的生活带来目的感的一套原则和价值观。同刻在博茨瓦纳的岩石上的蛇的身体缠绕在一起的样子一样，利他的道理规范、同情行为、服务、正直以及追求真理等也与像不杀害别人，希望别人怎么对自己，自己就怎么对别人这样的普遍原则交织在一起。

真正的幸福便源自于这些价值观之中。

留给读者们的问题

◇　你对于石器时代的祖先有什么印象？

◇ 读过本章后，你的印象发生了怎样的改变？

◇ 你认为人死后到底是什么样子？

◇ 你认为哪些地方和活动具有“精神”属性？

◇ 你认为你自己是信仰“精神”，还是信仰宗教，抑或是全都不信？

◇ 对于精神本能模型，你持认同还是不认同的态度？为什么？

◇ 如果你被阻止去表达某些对你的灵魂重要的东西，你会怎样想？

◇ 你最喜欢的神话故事是什么？为什么？

第五章　精神信仰的维度

有两件事情是非常过分的：排斥理性和只承认理性。

——布莱斯·帕斯卡尔

不论你是否信奉上帝，在我们每个人的身体里都存在一种古老的精神本能。即便是我们石器时代的祖先也需要一种方式去与一种他们认为比他们自身强大的无法界定的看不见的力量连通起来。

你可能会体验到与一个地方、一个人或一个宠物的一种心灵的联结。知道你自己在某个地方或被某些特定的人完全接受或无条件地喜欢，会让你产生一种愉悦感，那是精神性的一种自然表露。人类对于爱情、幸福、友善、接纳、相互联络的需求是共通的、不分文化的。无论你在哪里，你都可以培养那些需求，比如一个做礼拜的房子里、一个美丽花园中，甚或是在排队的时候。你也可以随时都感受到那些需求，无论是在一个风和日丽的白天，还是在一个月光皎洁的晚上，抑或是坐在火炉旁听着外面的大风在你的房子周围呜呜作响之时。寂静之中你可以听到它，音乐声中你也可以听到它；在抚慰受到伤害的人之时你可以感受到它，在孩子的微笑之中你也可以看到它。或许，你曾经在某个特定的紧急情况下大声呼叫你心中至高无上的神，或充满感激，或饱含敬意，甚或在完全的绝望之中。无论你是否意识到它的存在，你的精神本能对于你的幸福快乐而言都是极其关键的。同重力一样，它的存在不以你的意志为转移。

精神信仰的新生物学

科学家们现在已经开始研究基因在精神体验中的作用。波士顿大学神经学专家帕特里克·麦克纳马拉（Patrick McNamara）一直在研究多巴胺的作用，多巴胺是一种神经传递介质，它与一些精神感觉相关联，比如与上帝相连通、自我超越等等——所谓自我超越是与古往今来的通灵主义者〔从圣十字约翰（St. John of the Cross）到圣女大德兰（St. Theresa of Avila）再到《纽约时报》畅销书作者卡罗琳·迈斯〕所描述的所有造物主达到绝对协调一致的一种感觉。按照麦克纳马拉的说法，“调节流向大脑边缘系统及前额叶的多巴胺的量的基因支持着各种与宗教信仰有关的复杂功能……”[1]。有时被称作意念的中心（the heart of the mind）的边缘系统是产生情感的地方，也是有关情感的记忆被以分子的形式储存起来的地方。[2] 那些号称感觉到快乐、自我超越以及与神灵完全协调一致的通灵主义者实际上都是在描述一种感觉的边缘状态。科学家们已经将负责很多复杂过程（比如反思）的额前叶认定为在冥想和祈祷之时大脑中被激活的区域。[3]

2000 年，在加利福尼亚州的杜阿特（Duarte），来自希望医疗中心城（the City of Hope Medical City）的遗传学研究人员们开展了一项针对 200 人的研究，该研究发现，“谁的 DRD4 基因发生了某种特定的变异，谁在自我超越方面就会表现得更好”[4]。

为避免让你产生这样的判断，即特定的基因对于你体验固有的精神幸福是必不可少的，我们千万不要忘记表观遗传学（或环境）对于基因如何自我表达的影响。为了重申这一点，匹兹堡神学院（Pittsburgh Theological Seminary）的生命伦理学家罗恩·科尔-特纳（Ron Cole-Turner）说：“基因不会带来必然、确定的结果。绝对不是说，你有某个特定的基因序列，你就信仰精神;你不具备某个特定的基因序列,你就不信仰精神。”[5]

什么赋予了你生命的意义?

读到这儿,你可能会觉得这一章与你没什么太大关系,正打算跳过去,那么在你这样做之前,请思考一下是什么赋予了你生命的价值。朋友?家庭?宠物?工作?你最喜欢的锻炼方式?读书?听音乐?

如果你从事的某项活动让你充满了一种与某个比你强大的事物获得联系的感觉,或由于你从事了那项活动让你感到精神振奋、心态平和、感情愉悦,这便是精神信仰的一种形式,同时也体现了精神信仰的作用。当你感觉烦躁的时候,你会去哪里让自己平静下来?你是不是会被带到一个总是能让你感到心境平和的地方?你的精神本能在为你带路。

你是否定期去教堂或清真寺做礼拜?你是否会为了释放日常的紧张情绪而定期和其他人一起做祈祷?你是否会独自或与他人一起练习冥想?

无论你的选择和偏好如何,你都要意识到,要想使你的精神保持愉悦,不必非要参加宗教仪式或遵守宗教信仰。

宗教传统

在过去的3,000年之中,犹太教、基督教和伊斯兰教都信奉一个唯一的神。但情况并不一直都是如此。早期的人类设想存在很多神并信奉他们,而这些神最终都被能满足他们需要的更为强大的神所替代了。

尽管有些宗教,比如印度教,坚持泛神论,信奉神、圣人以及精灵,但这些神的目的都是作为灵媒服务于一个至高无上的神。

时代在变化

理性时代起始于17世纪的法国,在此之前,人们是因为受到惊吓或感到痛苦才信仰上帝。在十字军东征和宗教裁判所时期,质疑教会的权威是要受到严刑拷打甚至是死刑惩罚的。理性时代承认人们有权思考并清楚地了解自己的个人身份。这种思维领域的进步使得人们能够形成一种探究自然世界的科学方法。

理性时代的数学家和哲学家将物质世界与精神王国分割开来。他们认为这两个世界之间是不发生关系的。这种观念得到了教会的认同,他们不再因为某些知识分子对于现实拥有不同的观点而对其进行迫害。在随后400多年的时间里,科学家们不再研究任何非物质的东西,他们认为那是适合于哲学家和神学家们的话题。

达尔文与"大辩论"

19世纪,一位名叫查尔斯·达尔文(Charles Darwin)的英国自然学家提出了一种挑战《圣经》所宣扬的上帝造人论的进化理论,这进一步推动了西方思维的变革。查尔斯·达尔文的进化论是建立在科学探索与生物证据的基础之上的。随着工业革命的发展,科学思维带来了很多改变人类文明进程的新发明。而与此同时,科学的倡导者们与宗教的卫道士们之间出现了分歧。在美国、加拿大以及欧洲的一些国家,逻辑、线性思维正试图取代以信仰为基础的思想。与理性的思想相比,精神、直觉以及情绪智力都被认为是没有意义的。但我们必须记住17世纪法国数学家、被称为"理性之父"的布莱斯·帕斯卡尔(Blaise Pascal)的提醒:"有两件事情是非常过分的:排斥理性和只承认理性。"

到20世纪中期,达尔文的理论作为生物科学已经被普遍接受,并且作为一门课程在美国大多数的学院里被教授。然而,20世纪末,信奉《圣经》中关于造物的文字描述的宗教派系与笃信进化的人士之间发生了意识形态的激烈争论。尽管这一争论一直持续到今天,然而它已经沦为一场围绕着一些小的特殊利益而展开的无关紧要的争论。今天,几大宗教都接受了进化科学,即使是比较保守的天主教也已经采取了不反对进化论的立场。虽然如此,他们还是避免去谈论进化的话题,因此他们的很多反科学的信徒仍旧坚持他们的传统,对进化的观点不屑一顾。由于生物科学是建立在进化论的基础之上的,因此进化最终被普遍接受只是一个时间问题。

西方科学的假设

西方科学的三个主要假设已经被深深地植入了集体意识之中:1. 简化论:只有能够被简化为物质的事物才是真实的。原子和分子都是"真实世界"的物质。2. 客观主义:只有得到了客观的研究的事物才是真实的。主观体验不是真实的,也并不重要。3. 实证主义:只有能够被衡量的事物才是真实的。

按照这些假设,意识的精神状态不可能是存在的,因为它们是主观的,也无法衡量。

但如果你打算测测滤网里有多少水,你会否认它们的存在呢,还是会设计一种新的测量方法呢?

虽然你的意识确实是非物质的,但它是不是真实的呢?

挑战科学假设

在20世纪末,新科学运动开始挑战那些过时的假设。今天,量子力学的新研究成果表明,人们永远无法百分之百地确定亚原子粒子的状态,例如它同一时刻的位置和速度。换句话说,并非所有被认为是物质的东西就一定能够确切地被衡量。于是,生物学和物理学的新发现对传统西方科学标准的简化论模型提出了质疑。

自20世纪末以来,科学和推理对于成百万受过教育的人来讲已经成为了一种宗教，但他们却忘了，“只承认理性”同否定理性一样不可取。今天的理性主义者无视帕斯卡尔富有先见之明的箴言，他们认为只有符合逻辑的和以感觉为基础的东西才是真实的。但我们口中所谓的“科学”不过只有300年的历史，它是一种比较新的用来描述人类对于宇宙的研究的语言。而世界的许多固有传统及精神传统都已经有几千年的历史了，他们对于人类的思想和行为一直施加着影响。

《信仰的自然康复》(*The Spontaneous Healing of Belief*)一书的作者格雷格·布雷登问道：“在亚原子粒子之间流动的那种联系着宇宙间所有事物的空间是什么？”布雷登认为，科学的第一个错误假设在于将有形事物之间的空间称为“空无”。他说：“这些科学家告诉我们，宇宙的96%是空无的。仅仅有4%包含着我们所称的有形物质。”[6] 但现在我们知道，在亚原子微粒之间流动着的所谓“空无”，其实是一个由物理学家们所称的非传统能量组成的普遍存在的场，而这种非传统能量构成了我们在物质世界中所看到的一切事物的基础。现代科学正试图解释这一看不见的场。多少年来，科学家们一直在就这个场是否存在展开争论。而只是在近来他们才开始接受这个场是真实存在的，而很多存在了几千年的固有传统和精神传统也因为这一认识而“诞生”了。

布雷登说：“我们都通过一个能量场或能量矩阵联系起来。”他将这种能量场称为“造物主、控制性智慧”[7]。在《G. O. D. 实验：科学如何发现包括我们在内的所有事物中的神》(*The G. O. D. Experiments: How Science is Discovering God in Everything, Including Us*)一书中，加里·施瓦茨(Gary Schwartz)将G. O. D. 定义为一种能够不断地引导(Guiding)、组织(Organizing)和指挥(Directing)的智慧。施瓦茨和布雷登一致认为，人类和G. O. D. 可以进行交谈。[8] 按照布雷登的说法，“如果我们愿意的话，我们可以通过内心的非文字、动觉语言与这个场、这种智慧进行交流。而那正是祈祷的本质所在”[9]。

结论

无论你是信奉上帝，还是信奉 G. O. D.，抑或是只相信那些符合逻辑的、可衡量的事物，这都不重要。认同所有存在的生物之间存在一种相通与联系的关系，对于人类的进化与存活来说是最为重要的。当你的观点、情感和价值观让你做出对人表示关切和富有同情心的行为时，你的幸福度也得到了提升。而你周围其他人的幸福度同样也得到了提升。或许你会感到奇怪，因为过不了多久你就会发现你的基准情绪状态与你自己所受的伤害的关系降低了，因为你已经将你自己对幸福的体验与其他人、周围环境甚至整个宇宙联系起来了。

留给读者的问题

◇　你信奉上帝还是信奉 G. O. D.，抑或是都不信？为什么？

◇　你曾经经历过一种与“宇宙”联系到一起的感觉吗？是在什么时候？那时你在干吗？

◇　列举出三到五个你在危难的时候支撑你的信仰。

◇　作为一种精神生物，你如何描述你自己？

◇　什么令你感动？什么赋予了你的生命一种完整感？

第六章 “一般”幸福

自从二战以来，我们就成了崇尚物质的人。我们认为财产的积累体现了我们的智慧。而我们国家的灵魂却窒息了。

——卡罗琳·迈斯

你是否曾经购买过你认为会带给你幸福的某种东西——任何东西都算？

结果怎样？

在最初的那种短暂的喜悦之后，你是否真的觉得拥有或是使用那辆汽车、那个口红、那部 iPhone 会让你的心情好到那样一种程度，以至于你会说“因为我拥有这个东西，我的内心充满了快乐”？

我的意思并不是说购买某些可以提高你的舒适度或生活质量的东西有什么错误。然而，我们认为通过获得东西的方法来追求幸福会让人出现这样的结果：心情迅速变好，然后很快低落，接着又会产生购买其他东西的新愿望。

现在就存在这样一种几十亿美元的产业，它就是致力于将你催眠，让你相信除非你购买了某种特定的东西，否则你将不会成功、不会受欢迎或不会性感。

你是一个崇尚物质的人吗?

一项对500多企业高管进行的非正式调查发现,有超过一半的人曾经因为看到了电视上某个广告的诱惑性宣传而花费了一笔很大的开销购买那种商品,结果却让他们感到很失望或受挫。[1]一辆停在山顶上的SUV会吸引很多梦想着能将更多的时间花费在户外原生态的自然环境中旅行的人。但当他们真把它买回家的时候,他们发现每天都使用SUV并不现实。有人说它不太适合家中或工作单位的车库,有人则因它太费油而感到很失望。我们刚刚所提到的参与那个非正式调查的那些人无一例外地承认他们都曾经确信,购买一辆这样的车会显著提高他们的生活质量。

富人想进入天国是多么地困难啊。让富人进入天国比让骆驼从针眼中穿过还难。

——《马可福音》10:23—31

几个世纪以来,人们一直在追问一个问题:钱是否可以买到幸福?我们认为这不是用简单的“能”或“不能”来回答的问题。和朋友一起共进午餐,花大价钱购买生日礼物,和你最好的朋友一起度假会在短时间内提振你的精神状态,产生让你微笑的情感记忆。然而,无论你是住在阁楼上,还是住在平房里,抑或是住在简单搭建的铺位上,你都可以感受到舒适、愉悦、快乐以及心灵的宁静。例如,当我们旅行穿越委内瑞拉北部的沙漠时,劳丽明白了一件事情:即便是那些居住在没有室内自来水设备的水泥小屋里的人有时也会比我们中的很多拥有水力按摩浴缸和空调的人更加快乐。生活在委内瑞拉沙漠地区的人们喜欢开派对。晚上,他们会将他们的音响声音调得很大,喝着啤酒,在星光之下跳舞。“我们还需要什么呢?”一个当地人这样反问道。(也许你会像劳丽那样问自己:“我上一次在星光之下跳舞是什么时候的事了？”）

你的价值观、关系和信仰可以形成你的基准情绪状态，也可以破坏你的基准情绪状态。罗切斯特大学（University of Rochester）的一个心理学家团队对一群刚刚从大学毕业一年的年轻人进行了研究。研究人员发现，那些在自主权、个人能力展现以及与他人之间关系等方面的需求得到了满足的人一般都很快乐。而那些只关注实现外在目标，比如说为了得到一份不错的收入而从事他们不喜欢的工作的人，坦白地说都不太幸福。[2]

……但富人们拥有更多的性生活！

如果你的年薪超过900万美元，净资产达到8,900万美元以上，那么你很可能有着昂贵的性偏好。在2007年的一项名为“作为春药的财富”的调查中，汉纳·肖·格鲁夫（Hannah Shaw Grove）和拉斯·艾伦·普林斯（Russ Alan Prince）采访了661个拥有较高个人净资产的男女关于他们性偏好的情况。一半以上接受调查的人反馈说，他们认为他们的私人财富赋予了他们更好的追求最优性生活的机会。值得特别注意的是，被调查的人中有57%的人曾经有至少一次的离婚经历。几乎所有参与调查的人都说，钱让他们可以自由地去国外旅行，并能让他们不受约束地参加一些定位为新奇、刺激的性行为的社交活动。[3]

毫无疑问，拥有令人满意的性生活会让人感到更加幸福。尽管格鲁夫和普林斯的调查结果是这样的，但人对于性的需求还是会随着年龄、荷尔蒙的变化以及器官发育成熟情况而发生改变。无论你拥有较高的净资产还是资产水平一般，你的性满足感其实更多都是与你长期或终生的性伙伴联系在一起的。无论你是结婚了还是只是拥有一个爱人，也无论你是异性恋还是同性恋，性行为都将发展成为一种表达彼此之间感受的方式。一种充满关爱与尊重的长期性关系更有可能成为一种伴随着你的成长与改变而增值的幸福资产。

什么是“幸福资产”?

将能够给你带来快乐的人、活动、地方、音乐、电影、书、食物、宠物以及场景列出一张清单来。

用0—10来表示你所感受到的快乐程度,其中10用来表示最大程度的快乐,然后给你清单上的每一项来打分。

和你的一个朋友或家人一起来审视你的清单。讨论一下这些东西为什么会带给你快乐,这种快乐是短暂的还是可持续的,抑或是随着时间而程度递增。

如果某个人或某个事物带给你的快乐程度会随着时间而不断增加,那么他(或它)对你来讲就是一种“幸福资产”。

同其他任何资产,如房子、珠宝、艺术品以及投资一样,你的幸福资产对你有特殊的价值,因此也应该得到特殊的对待。千万不要把幸福资产当成是你应得的。要像爱惜你的房子、关注你的金融投资一样爱惜和关注你的幸福资产,因为如果你珍视并关照好他们的话,他们会持续带给你不断提高的幸福度。最终,你可能会发现悉心呵护你的幸福资产会让你感受到巨大而持久的幸福,因为他们对你的呵护行为友善地做出了回应与报答。

不同性别的幸福

每年的美国社会普查(General Social Survey)都会问人们这样一个问题,那就是让他们用1—3三个数字来描述他们的幸福度,其中3代表“非常幸福”,而1代表“不幸福”。自这项调查于1972年起首次开展以来,已经有超过130万人参与其中。2007年的调查结果显示,当人们年纪比较轻的时候,女性的幸福度要高于男性。而随着年龄的增长,女性普遍反映幸福度下降,而男性的幸福度则上升,这个转折点大概是47岁时。这在一定程度上是因为随着女性年龄的增长,社会文化认为她们的魅力也比年轻时降低了,因此她们丧失了在美国社会中的外在价值。如果是在别的文化中,这个阶段的女性本应该因为她们的资历和智慧而受到尊重,然而在这个崇尚年轻、美丽和健康的社会中,女性却需要受到自尊问题的困扰。具有讽刺意味的是,2007年的调查结果显示,尽管相比于20世纪70年代初期,女性拥有了更多的机会,但女性所反映的幸福程度却不如1972年调查时的水平。[4]

根据世界卫生组织的说法,伴随着更大的自由和更多的机会而来的不断增加的责任会给女性带来心理负担和越来越大的压力。压力被认为是造成全球女性幸福感下降的罪魁祸首。压力成为排在心脏病之后的影响全球女性健康的第二大危险因素。而它对男性的危害则排在所有因素中的第十位。这些数据可能解释了在报告心理问题时不同性别之间存在的巨大差异:作为一种跨文化现象,女性比男性更有可能承认她们情绪低落,希望寻求专业的帮助。[5]

世界幸福地图

在荷兰,有一个项目长期以来一直持续记录着那些针对人们看待生活的态度的科学实验。目前,这个数据库已经拥有了来自于4,252个全国性调查的数据以及155个国家所使用的1,220个用于衡量幸福程度的工具。[6]关于其所列示的每个国家里的受访者如何看待生活的数据是通过全国性的调查搜集到的,这种调查与美国的社会普查很类似。

该项目始于1993年,当时,荷兰社会学家鲁特·维恩霍芬(Ruut Veenhoven)发表了题为"各国的幸福度:56个国家对于生活的主观理解(1946—1992)"("Happiness in Nations: Subjective Appreciation of Life in 56 Nations 1946—1992")的论文。

他的调查所采用的指标如下：

◇ 消费
◇ 文化氛围
◇ 犯罪情况
◇ 人口统计情况
◇ 教育
◇ 自由
◇ 地理状况
◇ 政府
◇ 快乐程度
◇ 健康状况
◇ 不平等
◇ 机构素质
◇ 法律与秩序
◇ 生活方式
◇ 现代程度
◇ 个性
◇ 政治
◇ 风险
◇ 社会凝聚力
◇ 价值观
◇ 战争
◇ 财富[7]

而通过让人们对他们的总体生活状况用 0—10 的数字进行打分，维恩霍芬和他的团队编纂了一个 144 个国家平均幸福程度的概览，其数据取自

2000—2008 年。得分最高（最幸福）的国家可能会让你感到很诧异，它们是：

◇ 冰岛

◇ 丹麦

◇ 哥伦比亚

◇ 瑞士

◇ 墨西哥

位列中游的国家包括：

◇ 菲律宾

◇ 中国

◇ 伊朗

◇ 印度

◇ 韩国

得分最低也就是说人民幸福感最低的国家包括：

◇ 乍得

◇ 多哥

◇ 安哥拉

◇ 赞比亚

◇ 坦桑尼亚

排序是基于平均得分而给出的，排名靠前的国家得分大都在 7.9 分以上，排名居中的国家得分则在 6.0 分上下，而排名靠后的国家得分也都大于 4.3 分。

美国和英国的得分分别为 7.0 和 7.1 分，说明美国人和英国人要比菲律宾人幸福，但却没有墨西哥人幸福。

于 2007 年出炉的世界幸福地图是建立在众多机构的研究基础上的，这些机构包括联合国教科文组织（UNESCO）、美国中央情报局（CIA）、新经济学基金会（New Economics Foundation）、世界卫生组织、世界幸福数据库（维恩霍芬）、拉丁晴雨表计划和非洲晴雨表计划（the Latin barometer and Afro barometer）以及联合国难民事务高级专员办事处（United Nations High Commissioner for Refugees）。它的作者阿德里安·G. 怀特（Adrian G. White）是英国莱切斯特大学（the University of Leicester）的一名心理学教授。[8]

在总共178个国家里国民幸福感最高的20个国家是：

◇ 丹麦

◇ 瑞士

◇ 奥地利

◇ 冰岛

◇ 巴哈马

◇ 芬兰

◇ 瑞典

◇ 不丹

◇ 文莱

◇ 加拿大

◇ 爱尔兰

◇ 卢森堡

◇ 哥斯达黎加

◇ 马耳他

◇ 荷兰

◇ 安提瓜和巴布达

◇ 马来西亚

◇ 新西兰

◇ 挪威

◇ 塞舌尔

美国排在第23位，中国排在第82位，日本排在第90位，印度排在第125位，而英国则排在178个国家里的第41位。

怀特的幸福地图与维恩霍芬的数据库之间存在的不一致可能是由他们用于生成数据的资料来源不同而导致的。怀特说："一国国民的幸福水平与其健康水平关系最为密切（相关系数为0.62），其次是财富水平（相关系数为0.52），然后是教育水平（0.51）。"[9]

18世纪英国哲学家杰里米·本瑟姆（Jeremy Bentham）主张，政治的目的是为最多数量的人带去最大程度的幸福。近来英国的一项调查显示，81%的受访者同意本瑟姆的观点，认为政府应该更多地关注为人民创造幸福而不是财富。一位政界人士这样评论道："现在，我们该承认生命中不只有钱了。我们也该把关注的焦点放在总体幸福感（general well-being，GWB），而不是GDP上了。"[10]

结论

在提出保证美国公民"生存、自由、追求幸福"的权利时，美国的创立者们没有考虑到商业广告将对未来的美国人所造成的巨大的潜移默化的影响。

尽管我们已经拥有了舒适的生活、便捷的信息来源以及公民自由，然而美国人依旧远远不能说是地球上最幸福的人群，因为美国人对那种转瞬即逝的愉悦感有一种成瘾式的追求，而紧随这种愉悦感而来的就是失落的情绪，这反过来又会将人带入渴望得到下一个流行的东西的新的循环之中。

一般幸福主要是基于外部环境的，它强调某些外部事物会为我们提供持久的幸福源泉。但情况并非如此，因为我们所处的环境的本质就是改变。

为什么我们美国人比菲律宾人稍微感觉幸福些,但幸福感却不如墨西哥人呢?

是不是世界上其他地区的人们知道一些就连处于发达科技条件下的我们都不知道的东西?幸福感更高的文化是不是更加稳定,环境变化更少?他们是不是更愿意接受事物原本的样子而不是不断的变化?

是否存在一些可以学到的能够带来快乐的技巧?如果是的话,那么都有哪些技巧?它们怎样让你的生活真正快乐起来,并从而激活一些能够帮助你的儿孙们也都更加快乐的基因?

你想知道答案吗?

留给读者们的问题

◇ 你是一个崇尚物质的人吗?

◇ 哪些财产会让你感到快乐?

◇ 它们在哪些方面会让你感到快乐?

◇ 什么样的外部环境会让你感到快乐?

◇ 当这些外部环境发生改变时,你将如何保持快乐?

◇ 你是否认为你花费了太多的时间去考虑购买新东西?

◇ 你是否曾经丢失、找不见或毁坏了一些给你带来过快乐的东西?

◇ 当它由于上述原因离你而去后,你有什么感觉?你是否有种解脱感?不再拥有它之后你会怎么做?

第七章　自然幸福

我们在培育我们自己的幸福感的同时，也在培育我们所爱的人的幸福感。

——一行禅师

当一扇幸福的门向你关闭时，另一扇门会向你敞开，但我们经常看到的只是那扇关上的门，而不是那扇为我们打开的门。

——海伦·凯勒

或许你会感到有些奇怪：为什么本章我们引用了两句名人名言作为开始，而前面的章节则都只用了一句。但如果你把它们再读一遍的话，你可能就会会心地发笑起来，因为当涉及你的幸福时，当然是越多越好。你甚至会想："原来得到幸福这么简单啊，连穴居人也能做到啊。"

没错，到达幸福的彼岸真的没什么复杂可言。然而，成千上万的论文、研究以及心理学畅销书却都试图用条理性、逻辑性很强的术语来解释一种非常自然的、自发的……

"自然的、自发的什么？"也许你会这样问。这样一纳闷，可能就会有若干种可能浮现在你的脑海中。

一种情绪？一种心情？一种思维状态？一种精神体验？一种美好的感受？一种活动或事件？与你最好的朋友闲逛？当你坐在车里等待孩子放学

时享受一杯咖啡？在午后做好准备去赴一个期待已久的约会？你的球队赢得了世界职业棒球比赛？一个自己一个人独处的下午蜷缩在床上读一本引人入胜的书？夏日里在一个湖边钓鱼？边锻炼边听 iPod？找时间拜访一位老朋友？做一道你最喜欢吃的菜，并同家人或朋友一起分享它？

幸福有颜色吗？有声音吗？有质地吗？有具体尺寸吗？有形状吗？有数量吗？它的尺寸、形状和数量是会变化的，还是总是保持不变？

是的，这些问题看起来很奇怪。但设计这些问题的目的就是希望通过触发你的想象力，最好是你的一堆快乐的想法、感情和感觉，从而令你放弃关于幸福的固有概念。

幸福感会自发地产生。当你感觉幸福时，就微笑吧。

但什么是"幸福"呢？

按照维基百科所给出的定义，"幸福是一种精神或感觉的状态，它以满足、喜爱、欣慰、高兴、快乐为特征"[1]。它是一个最为频繁地被用来描述一种充满了无条件的关爱和同情的生活的词。明尼苏达州罗切斯特的梅约医院的科学家们所进行的研究得出了这样的结论：利用评估福利和其构成要素的调查方法和工具是可以衡量幸福的水平并将其量化的。[2]作为他们的研究结果，他们主张幸福是不能够买到的，但正如第六章所讨论的那样，令人快乐的商品、旅行、活动和经历是可以用钱买到的。梅约医院的调查结果显示，幸福感与较高的生活水平不可能存在很大的关联度。

遗传学与表观遗传学发挥着重要作用

总结对于幸福这一主题的既有研究可以得出这样的结论，即基因对于决定人的个性特征起了大约 50% 的作用，另 50% 的决定因素在于你与家庭、文化以及周围环境相互影响的程度。换句话说，就是表观遗传学！[3]

还记得我们在前面提到的那个关于自杀的人幼年时期曾经遭受过虐待

的研究吗？对他们的尸体解剖显示，他们体内的一种调节压力荷尔蒙数量的基因甲基化了，因此它不能正常地发挥其功能。像把胶粘在灯的开关上一样，甲基化作用会防止基因被激活（也称作“被表达”）。

得克萨斯西南医疗中心大学（the University of Texas Southwestern Medical Center）研究了富有攻击性的邻居对成年老鼠的影响。老鼠的反应同人类的反应非常相似：由于其体内的某个基因在环境的紧张性刺激下发生了系列化变异，它们变得很“抑郁”。科学家们给老鼠服用了抗抑郁剂，它成功地治愈了由第一阶段的研究所引发的“抑郁”。[4]

那么人的幸福在多大程度上是由遗传因素（传统遗传学）决定的，而在多大程度上是由环境因素（表观遗传学）决定的呢？由于我们是站在科学研究的一个新分支的起点处，因此并没有“正确的”答案或固定的比例。[5]

正如我曾经说过的，我们在高中或大学里是没有学过这种东西的，但分子生物学领域的最新发现的确与传统的达尔文的进化论观点相左。进化论认为，进化是通过自然选择而实现的，基因是将特征传承下去的唯一途径，而究竟哪些特征将被遗传也是有原则可循的。而现在你可能开始意识到了：进化论所讲的并不是任何时候都是对的。

这种新科学不仅挑战着你在基础生物学课堂上所学到的那些假设，它还能够让你尝试它的一些新原则来提升你的幸福与健康水平，从而创造出你的细胞可以传递给你下一代细胞的新信息和信号。随着你为培养你日常的快乐习性而把你的思想、情感和行为译成遗传密码，你正在创造能改变你的基因行为方式的新的表观遗传模式。

我们刚刚提到的性格特征有多少是由遗传因素决定、有多少是由表观遗传因素决定的问题也是一个鸡与蛋的问题。研究表明，这个比例是非常灵活的；就我们所知，没有固定的比例。理解表观遗传学的一些基本理念可以将你的快乐程度提升到一个新的水平上，而这种快乐水平会传递给下一代的细胞。随着你变得更加快乐，你的细胞结构会发生改变，这些积极的改变也会印刻在你的孩子的基因上。

你对幸福的期望

不用说——但我还是要提一下——你是幸福还是不幸主要取决于你的期望。如果你认为只有一个人、一份工作、一套房子或一款车能给你带来快乐，那么你最终一定会失望。即使你爱上了你幼年时期青梅竹马的小伙伴，并与之结婚，婚后生活也很幸福，但最终你们之中的一个会先离开人世，留下另一个独自悲痛。这个世界上没有什么东西可以永恒。我们所喜欢的人、工作、房子、汽车、金融资产以及健康状况都是有来有去的。如果你认为过上幸福的生活就是永远都不会经历损失、遗憾、失意、失败或悲痛的话，那么你一定会失望的。你对幸福的理解应该现实些。如果你总是沉迷于一种对完美生活的幻想之中，那么你所感受到的任何快乐与幸福都将是短暂的。期望一个人的生活毫无瑕疵是完全不现实的。

这将我们带到了下一个期望：如果你认为幸福意味着你从来不感觉伤心、愤怒或悔恨，那么我们可以这样说，你对于幸福的理解是“受到现实挑战的”。你的私人生活或职业生涯中的一次突如其来的变故，经济上陷入极端的困境，持续的家庭危机，婚变，在一次事故中幸免于难，目睹了一次犯罪活动等等，都可能会对那些最阳光的人造成影响。如果你发现在上述情况后你不像从前的自己或无法从悲痛之中走出来，那么这不能说你是个失败者。即便是老练的急救员和久经沙场的老兵也会有不舒服、难过的时候。感觉自己受到暴力或突如其来的损失的困扰并不意味着你就不是一个快乐的人，也不意味着你将永远不会再快乐起来。那种类型的陈述被称作是“认知的歪曲（cognitive distortion）”，因为它会把你带向一种非此即彼、非黑即白的极端境地。快乐的人也会因悲剧而感到情感上的不安。他们会为损失而难过，生活所赋予的万种悲伤和万种欢乐，他们也都会感受到。

感到难过或生气并不意味着你是“消极思维的受害者”，也不意味着你正遭受惩罚……只要你不是无法走出过去曾令你饱受伤害的事件的阴影。作为一个充满生气的人，你应该去大胆地经历人世间的各种情感。

诊断并说“再见”

由于文化的原因，我们美国人通常对生活中一些令人不快的事件有一种恐惧。我们在文化方面对国民的肤浅培养让我们习惯于认为我们有权一直感受到快乐。如果我们某个时候没有感受到快乐，那么我们中的很多人就会觉得好像有种挫败感或者觉得上帝因为我们的消极思维在惩罚我们。已故世界著名人类学家玛格丽特·米德（Margaret Mead）评述道，在她研究过的世界上的所有社会中，只有美国人认为如果他们病了，那么这是上帝在惩罚他们。

我们通常也会将“难过”（“sadness”）和“抑郁”（“depression”）这两个词交叉着使用。但你可能只是难过而并没有抑郁。感到失望、感到愁苦、哭泣、经历伤心的事并不必然意味着你一定会抑郁。但如果你的意志一度消沉了一段时间，对于你过去喜欢的事物也丧失了兴趣和兴奋感，且这些症状（及其他一些症状）持续了两周左右的时间，那么你可能已经达到了抑郁症的诊断标准，需要寻求专业的帮助了。[6]

有时你可能还会感受到几种矛盾的情绪同时出现，尽管这听起来有些不可思议。你曾经边哭边笑过吗？笑得太厉害以至于最后变成了哭？在其他人庆祝的时候你却感觉很难过？在绝望的环境中却找到了幽默？

我想说的是如果只是难过，那么你就不应该去医生那里寻求抗抑郁的药方将它赶走。忘掉“诊断并说‘再见’”的方法。难过并不是一种病。

快乐并不是难过的对立面。正如我们在本章前面所指出的,同时感到快乐和难过是可能的。我们每个人都有我们自己独有的快乐,然而快乐这种语言在任何地方都在被人们使用和理解。

尽管你不能购买它、种植它、获取它、作为报偿收到它、追求它、紧紧抓住它或把它放进汽车的后备箱里,但当你看到、听到或感受到幸福的时候你却能知道那就是它。有意思的是,你越是疯狂地寻找它,你就越是很难遇见它。而且当你遇见它的时候,你可能无法在你的心中发现它。认为幸福存在于自身之外的某个地方以及未来的某个时候,从而不断追逐幸福,会让你沉迷于对那些你认为你无法拥有的东西的渴望而不能自拔。

但实际上你可以很自然地快乐起来。快乐就在这里,就在此时。

国民对幸福的描述

位于伦敦的幸福中心(the Centre for Well-Being)是新经济论坛(the New Economic Forum,NEF)的一部分,它将自己描述成一个"独立的知行合一的智囊机构"。该机构成立于 1986 年,主要研究国际债务方面的问题。NEF 对于将国际债务问题列入 G7 和 G8 峰会的议事日程发挥了重要作用。这个知行合一的智囊机构的使命陈述里这样写道:"由于我们笃信人和地球都是非常重要的,所以我们信奉经济学。我们旨在通过推动那些挑战经济、环境以及社会问题等领域的主流观念的创新方法,来改善我们的生活质量。"[7]

NEF 与剑桥大学福利研究中心(Well-Being Institute)和欧洲社会调查中心(European Social Survey)一同协作,希望政府将公民的福利问题当作一项对国家财富极为重要的资产来看待,就像国民生产总值(GNP)一样。(这是个很激进的观点,是吧?)

在 www. nationalaccountsofwellbeing. org 上,你可以填写一张简单的调查

表,这是一张蛛网状的曲线图,它用从0到10的数字衡量了幸福与福利的组成元素:

◇ 积极的情感

◇ 没有消极的情感

◇ 令人满意的生活

◇ 活力

◇ 适应力与自尊

◇ 发挥了积极的作用

◇ 对自己构成支持的人际关系

◇ 信任感与归属感

你的调查结果会被叠加到欧洲平均曲线上。把你自己的情况与来自不同国家的被调查者的情况进行比较是非常有意思的事情,而这也表明了该方法与第六章中我们所讨论的世界幸福地图的相关性。

完成这项调查有以下几种好处:

◇ 该表格会立即显示出你生活的哪些方面更令你感到满意,而哪些方面不那么令你满意。

◇ 你可以看到在哪些方面你需要有所改进。

◇ 你可以将你的情况与其他人的情况进行比较。

◇ 你可以将这一表格推荐给你的家人和朋友,这样你也可以看到你对幸福的感觉与他们的感觉相对比的情况。如果你在"对自己构成支持的人际关系"和"信任感与归属感"方面得分比较低,那么你可以通过与你亲密的以及不太亲密的朋友或家人圈子分享你的调查结果并与他们讨论来解决你所遇到的问题。

◇ 你可以参照该调查的幸福标准来评价你个人的幸福标准。(而这又开启了另外一个你与家人或亲属交谈的领域。)

自然幸福的要素

近来对850项关于幸福的研究所做的荟萃分析证实，“热衷于宗教信仰与一些昭示心理健康的指标（对生活的满意度、快乐、积极的情感以及高涨的情绪）呈正相关关系，同时也会降低抑郁、自杀的想法和行为以及酗酒和吸毒成瘾发生的概率”[8]。

我们采访过世界上一位最权威的研究幸福问题的专家。他的见解直达人的心灵与精神——无论你的国籍、性别、宗教信仰是什么：“作为人类，我们都渴求活得快乐，免受苦难……我们知道，幸福的关系是内心的平和。内心平和最大的障碍在于一些干扰性情绪的存在，如发怒与依恋、恐惧与怀疑，而爱、同情以及责任感则是平和与幸福的来源。”[9] 我们并不是提倡大家都去信仰宗教，因为那是一种个人的决定。正如圣雄甘地经常说的，“我的宗教信仰是我和神之间的私人问题”。

发现你的心流

如同恋爱一样，一旦你发现你的心流，你的生命便从此永远地改变了。心流是一种毫不费力便实现认知的状态，在这种状态下，你的思维、身体和精神都协同起来以达到最佳。运动员称这种状况为“进入状态”。对于一些人来讲，“进入状态”感觉就好像是醒着的状态下头脑清醒时的一个梦，在这场梦里，你既是参与者又是旁观者。

职业运动员为了实现其个人的最好成绩总是希望能“进入状态”。在古代日本，很多一流的射手便达到了一种清晰地观察目标并全神贯注的程度，从而能够随心所欲地实现心流。即使被蒙住了双眼，射手们的箭仍然可以射中任何靶心。

芝加哥大学心理学教授米哈里·奇凯岑特米哈伊（Mihaly Czikszentmihalyi)博士被认为是“心流之父”。他写道:“是心流的充分介入,而不是幸福感造就了生命的卓越。”[10]我们认为,“心流的充分介入”本身就是一种自然幸福的状态。

也许当你一开始发现你的心流时,你并没有意识到,因为它是在你从事一些你喜欢做的事情(比如散步、跑步、滑雪、栽培花木、编织甚或烹饪)时自然而然出现的。突然间,无须你的思考,所有的要素便汇集到一起。你会将它们进行排序,从而令它们融合成一个流畅的程序。产生心流之时,你的思维和身体会充满着大量以字母“e”开头的单词——兴奋(excitement)、愉快(exhilaration)、激情(enthusiasm)和活力(energy)。

活着的意义

奥地利心理学家维克托·弗兰克尔(Viktor Frankl)曾经被囚禁于奥斯威辛(Auschwitz)集中营,他记录下了当时他周围的人是如何面对他们所处的残酷环境的。许多人情绪极度低落,经常主动撞向集中营四周带刺的电网,以求自我了断。而另外一些人则始终以极大的勇气和适应力怀抱着希望,坚信他们自己可以撑住并最终活下去。

在一个非常寒冷的日子里,弗兰克尔通过他的心灵之目(mind's eye)看到他自己未来的样子。他正站在一个温暖的、灯火通明的礼堂里,向一屋子的人做报告,讲述他在奥斯威辛集中营的经历以及到底是哪些精神上和物质上的东西支撑着他和他的同伴最终活了下来。这种一闪而过的直觉认知让弗兰克尔知道,为了让世界了解苦难的本质,他会活着离开奥斯威辛集中营。这种理解造就了他的著作《人对生命意义的追索》(*Man's Search for Meaning*)的诞生,而该书也成为了一本国际畅销书。在这本书里,他描述了无论外部环境如何,带有一种意义感活着会让人感到幸福。

想想你每天看的电视节目秀,比如说《知情人》(*Insider*)或《娱乐今晚》

(*Entertainment Tonight*),其中有多少期内容是有关名人、明星追随者,以及一些普通的喜欢小题大做的人自曝他们的生活一片混乱且时有冲突的?要不就是报道有些人利用自己的声望帮助处于困境之中的其他人,之所以报道他们是因为他们这样做并不是一种常态。他们这样引人注目还有一个原因就是他们诠释了带有一种目的感和同情心活着意味着什么。

毋庸置疑(但我还是要重复):并不一定非要成为一个名人才能过上有意义的生活。护士和医生、理疗师、教师、家居护理助手以及前线的军人每天都在无人认可的情况下服务着别人。幸福来自于发现你的目的感并依其行事。

阿莱克斯·帕塔克斯(Alex Pattakos)博士认为:"寻找生活的意义是21世纪的一个大趋势。"[11]作为弗兰克尔的爱徒,帕塔克斯帮助世界各地的人们去发现他们有意义的生活。他所撰写的《我们思想的囚徒》(*Prisoners of Our Thoughts*)也成为一本国际畅销书。

你不必为了有意义地活着而去拯救世界。让生命有意义的最简单的办法是随时向你生命中的人提供帮助。询问,倾听,开车将某人送到机场,为你晚睡的同事叫早,在扫自家门口的时候也帮你的邻居扫扫,在你办公桌上放点纸巾或一把雨伞以备他人的不时之需。就是这样简单。

仁爱与宽恕

长期淤积的怒火会妨碍积极情绪的形成。无论生命中的某一特定事件给人造成的伤害有多大,众多实验表明怀有怨恨心理就如同喝了毒药或者期待别人死一样,受伤的只有你自己。你的怒气会让你的身体更难击退疾病。而且你的心理也会处于非常危险的境地。不懂得宽恕别人的人会出现抑郁、焦虑、麻木甚至暴力等状况。[12]

有这样一个例子:伊玛丘利·伊利巴吉扎(Immaculee Ilibagiza)是卢旺

达的一名大学生,她的很多邻居都参与了胡图族对图西族的大屠杀。一个邻居将她藏在了一个很小的卫生间里。在这场造成300万人死亡的杀戮惨剧期间(伊利巴吉扎大多数的家人都不幸遇难),她和其他八位妇女一起挤在那里。在浴室的窗外,那些想杀死她的人喊着她的名字。她觉得她肯定无法幸免,在醒着的大部分时间里她都做着祈祷。在那次种族灭绝惨剧发生的几年之后,伊利巴吉扎找到了那个杀害了她的母亲和哥哥的人。当时,这个人已经是伊利巴吉扎家乡监狱里的一名囚犯。当监狱守卫把这个杀害她母亲的人带到她跟前时,伊利巴吉扎说:"我原谅你了。"监狱守卫听到她的话非常震怒,他指责伊利巴吉扎忘了她的家人。于是她这样对他说:"宽恕是我唯一能做的,也是我必须去做的。"后来,她将自己的宽恕之旅写进了一本《纽约时报》畅销书里,这本书的名字叫《最后要说的:在卢旺达浩劫中发现上帝》(*Left to Tell: Discovering God Amidst the Rwandan Holocaust*)。

作为心理学、精神信仰以及健康领域被研究最多的一个话题,研究人员发现宽恕可以提高人的心脏机能及免疫功能,促进人整体的健康,降低焦虑和抑郁的程度。懂得宽恕的人会更加有效地应对他们生活中的压力。他们比那些无法做到宽恕的人对生命更加乐观,也更充满希望。[13]

斯坦福宽恕项目(the Stanford Forgiveness Project)所做的一项开创性研究发现,在弗雷德·鲁斯金(Fred Luskin)博士利用六周时间指导参与项目的成年人掌握了冥想、意象引导(guided imagery)、改变观念从而不轻易动怒、放弃责备冒犯自己的人、从冒犯者的角度看待问题等方面的技巧之后,他们的压力水平降低了,幸福感提高了。[14]

如果你不能宽恕某些曾经伤害过你的人,但却想在不为人知的情况下开始宽恕的第一步,那么请登录 www. forgivesomeone. com,这是一个让你秘密地表达你的情感的地方。

如果你想让变得更加宽容成为你每天的必修课，那么我们向你推荐教皇约翰·保罗二世（Pope John Paul Ⅱ）的一句箴言："看到全部。忽略很多。改进一点。"

乐趣

你是否患有乐趣丧失综合征（Fun Deficiency Syndrome, FDS）？[15]

将自己描述成是拉姆·达斯〔Ram Dass, 拉姆·达斯是前哈佛大学教授，他与已故的蒂莫西·利里（Timothy Leary）一道共同宣传 LSD（迷幻药）对人类的作用，后来则不借助于药物去寻求精神的启迪〕和哈根达斯杂交的产物的史蒂夫·伯曼说："乐趣对人来说是一项基本的东西。"史蒂夫和拉姆·达斯对一些社会上的"圣牛"（sacred cows，意指荒谬的假设）提出了质疑。他们都认为如果无法从精神信仰中寻找到乐趣，那么任何人都不会热衷于它。

所以，让我们每天都去发现一些有趣的事吧。堵车能算是有趣的事吗？那是一个多么好的去听你最喜欢的喜剧演员的作品的机会啊！伸出舌头，朝自己做个鬼脸。而当你注意到周围车里的人的表情时，你可能会忍不住笑起来。

丢了工作能算是有趣的事吗？那就去租《一千个小丑》（*A Thousand Clowns*）回家看看吧。这部上世纪 60 年代由小贾森·罗巴兹（Jason Robards, Jr）主演的电影讲述了被解雇的喜剧作家穆雷·伯恩斯（Murray Burns）在找工作过程中所遇到的诸多趣事。当看到他和他的小侄子尼克逃避生活的样子时，你会忍俊不禁。其实即使是当你穷困潦倒的时候，你仍可以逗自己发笑。或者正如穆雷所说，"你必须拥有属于你自己的日子，并为它们命名，为每一天命名，否则岁月就会从你身边溜走，并且都不属于你"[16]。

结论

幸福不能被买卖，不能被给予，不能被偷走，不能被追求，也不能被作为奖品分发。有点事与愿违的是，你越是想控制它，它就越是容易逃脱。然而，就如同你在你家的花园里为播下花的种子准备土壤一样，你也可以培养能为你带来可持续的幸福的习惯。

留给读者们的问题

◇ 你能回想起三次让你感觉到幸福的场景吗？

◇ 你以一种什么样的方式回忆起那些幸福的时光，画面、声音（话语或音乐），还是你体内的感觉？

◇ 回想一下最近一次你对人表示善意的情景。你最近一次感受到别人的善意是在什么时候？这两种情景中的哪个会让你感到更快乐？

◇ 你会以怎样的方式去原谅自己的错误？

◇ 你会对至今还无法原谅的人说些什么？

第三部分　让幸福降临

第八章　走上通往幸福的大道

只有付出，才能得到。人家会用一个好量器，连摇带压，里面装得满满的，倒给你。

——耶稣，《路加福音》6:38（新修订标准版）

本章的目的是为自然幸福的 28 天计划（Natural Happiness 28-Day Program，下一章中将详细阐述）提供背景和基本原理，并为紧接着在第十章中解析更深层次的幸福习惯创造条件。

通往幸福的道路其实是被清晰标注的，但要想找到它我们需要集中注意力。过去，这些符号中的神秘色彩较多，而知识成分较少。今天，新生物学的研究和新概念如同一束光亮，让我们清楚地了解到了人类的本质、进化以及宇宙到底是什么样子的。

现在，人类基因组工程让科学家们拥有了解释人类工作、思考及做事方式的手段。我们的 DNA 蓝图能够帮助我们理解作为幸福源泉的人类精神信仰的本质。这一新的信息揭示了生物学与我们的精神本质之间的联系。

先天与后天之间的关系这一主题长期以来一直是一个争论不断的话题，但现在我们已经通过基因对先天问题有了了解；而随着新兴科学表观遗传学研究的深入，后天的生物机理也将变得越来越明朗。表观遗传学胚胎科学的发展将会加快进化的过程和自我意识的培养。融合了量子力学、基因工程学、天体物理学、进化生物学、自我意识以及表观遗传学的跨学科研究方法拥有非常大的潜能去治愈我们这个饱受生态破坏行为威胁和折磨的星球。

统计调查和研究都显示,瞬间的满足、竞争、实利主义以及贪婪都不会让人产生幸福感。相反,人类对权力和侵略的那种古老的本能只能导致苦难、暴力和毁灭。但从进化的角度来看,我们人类从一开始就是按照被设定的程序去做的。

既然如此,那么考虑将我们的行为从贪婪转变为慈善、从憎恨转变为热爱、从只为自己转变为为了他人、从实利主义转变为精神信仰是现实可行的吗?谈论更多地为别人着想这一话题非常有趣,但我们如何才能做到言行一致呢?无数的自助类图书和文章都向读者承诺了更高的生活质量,但显然它们都失信了,因为它们只是在过度宣传而已。那么这本书有什么与众不同的地方呢?

我们认为有以下几点原因会让本书从芸芸众生中脱颖而出:

◇ 从遗传学角度来讲,我们人类是具有精神性的,当我们选择表达我们的"幸福基因"的观点、情绪和行为时,我们会得到快乐作为奖励。

◇ 我们的幸福基因会每周 7 天、每天 24 小时地工作,从而提供一种情感上的报偿,以鼓励我们做出能进一步巩固它们的行为选择。

◇ 限制特定调节基因的本能和情感可以被重新设定。

◇ 本书中的练习很有趣。这会让读者感觉做起来很值,而这提升了他们坚持做练习的动力。

◇ 从不断的重复之中,我们养成了自然幸福的习惯,这对于特定的基因有非常积极的影响。(有研究可以支持这个观点!)

◇ 不论你是否为我们所提供的科学证据所动,我们都相信如果你做了这些练习,结果会让你得到持久的幸福,而这将是证明这一计划真正有效的最有力证据。

改变的意义

你或许会认为,为了能够活得快乐幸福,你所要做的就是追求令人愉悦的东西,避开令人痛苦的事情。但来自所有伟大的精神导师和宗教导师的最为核心的启示都是我们可以做得更好。例如,基督耶稣基本的启示就是热爱上帝以及你周围的邻居。一些人把上帝看成是宇宙中众多物体之间的空间或把上帝看成是处于我们体内众多原子之间的空间之中。[1] 另外一些人则认为上帝是意识的本质。佛最核心的启示是禁绝欲望从而结束苦难。其实伟大的精神领袖或宗教领袖也与此类似:将对他人的慈悲之心摆在功利之前,幸福就会属于你。

尽管指导起来很容易,但想改变行为非常难,市面上销售的众多自助类健康图书基本上都无法达到人们预想的效果便充分说明了这一点。目前的实际情况是,尽管美国科技发展迅速,但我们的幸福感却处于一种下滑的态势。例如,尽管健康组织和各种媒体都不断发出警告,我们依旧向着大多数国民都超重或肥胖的第一个发达国家的称号快速前行。这种趋势不仅对我们的健康状况造成了一种巨大的威胁,它也降低了我们的生活质量,让我们的幸福感下降。[2]

追求幸福是人的本性使然,但我们经常错误地将令我们感到愉悦的事情当作幸福。人们常说,生命中唯一不变的就是改变,因此,当令我们愉悦的事情所处的环境发生改变的时候,这些令我们愉悦的事情就会迅速地变成苦难。这种向苦难的演变程序是这样的:先是一个随机、下意识产生的消极想法,然后是依恋(attachment)情结,接下来是消极的情绪,再到有意识的依恋、消极的感觉、异常的依恋,最后变为苦难。持续地重复这种思维定式就会使人陷入一种痴迷之中。

尽管这种自我改变的进程让人感觉到郁闷，但就自然幸福来说，我们有一个有力的帮手——我们的 DNA 会对我们体内的每个细胞发出指示。就自然幸福而言，改变是自行推进的：你所做出的每一个选择都会伴随着一阵持续的幸福感作为奖励。而这种幸福感反过来会推动你去做出下一个选择。你可以在你生活中的各个方面都体验到这种幸福——工作的时候、进行社交活动的时候、排队的时候、堵车的时候、和配偶生活在一起的时候以及独自一人的时候。

把精神信仰表达出来是比较容易的。"精神信仰"是一个宽泛的概念，但本书将其界定为对一个充满仁爱的神的信仰并以利他主义作为自己的行为准绳。表达精神信仰将可以获得持久的幸福和快乐作为报偿。

要想让行为发生重大的改变，对于目标、障碍及策略有一个清晰的概念至关重要。策略便是利用表观遗传学的方法修正那些驱动我们消极本能的基因。为保证这个改变过程能够持续下去，表观遗传学所提供的方法必须是符合我们日常习惯的。

我们的利他基因

对资源与地位的竞争是我们古老的本能，而这种本能令我们每个人都非常熟悉的以利他主义为准则的做法（例如慈爱和同情）不断地丧失殆尽。好在大多数的人都还有一种道德准则或是非观，它们会本能地告诉我们什么是错、什么是对，当我们违背了我们的是非观的时候，我们会受到情感上的惩罚。综观各种文化，错与对之间最核心的差别都与无私有关，也就是说不以自己为中心。如果某一行为的目的是给别人带来苦难，那么它就是错的；如果给别人带来了幸福，那么它就是对的。

普遍认为，考察伦理道德要考察牵涉到他人的行动和思想。无论你的举动给他人带来的是积极的感觉还是消极的感觉，这种感觉都会非常自然地又传回给你。因此,为我们自己带来自然幸福的最有效方法便是采取利他主义的行事方式,因为这样便会在别人心中催生出积极的情绪来,而这种情绪最终又会返回给我们。对此观点持怀疑意见的人或许会这样认为,期望从别人那里得到情感上的回报才去做出利他行为本身其实就是一种自私的行为。然而,我们的基因并不这样认为。我们知道我们将从利他行为中获得情感上的回报,其实是我们的基因激励行为所采取的一种机制。它只不过是我们接受 DNA 的指导(由此也可推断是接受我们自身的设计者的旨意)而做出的行为。

纵观整个历史,各种思想流派都是基于理性、责任、信任、善行等来推行其伦理道德观念。我们不遗余力地寻找各种理由去推进精神伦理道德,但现实却是伦理道德产生于我们的精神基因。今天,随着人们学会了操控自然,且不注意生态系统的维护,经常会导致一些灾难性结果的出现,因此伦理道德变得越来越至关重要。热带雨林的被毁坏、酸雨、全球变暖以及种种其他的对大自然的破坏都使得大多数人受害,而极少数人受益。随着近年来在科学方面取得的突破性进展,政治家、科学家、神学家等都试图解决与遗传学最新的研究发现有关的伦理道德问题,比如干细胞研究、克隆、特制基因(designer genes)以及老年病学。尽管在制定法律条文和工业标准时,实利主义仍然发挥着一定的作用,但我们那种自然的道德观念却还在与我们潜意识里的那些消极的本能做着抗争。虽然好与坏的道德标准深深地印在人类的大脑之中,但像竞争、恐惧、暴力等古老的本能也同样刻在人的大脑之中。

为了让我们的行为能符合其他人的最大利益,你必须判断出你所做的是否对他人最有利。例如,你会仅仅为了让他感到开心 ,就让一个 12 岁的孩子开车吗? 尽管你的意图是想给予别人快乐,但必须要符合他的最大利益。有时你必须考虑令人愉悦的事和幸福之间的差异——给别人一种令其愉悦的体验与为那个人持久的幸福而出力是不可同日而语的。

愉悦与痛苦

就像笑纹会刻在那些爱笑的人脸上一样，长期的消极思想和情绪也会在人们的大脑上留下它们的印记。这是从神经学的角度来讲要求我们有积极思维的理由。

如果你认为没有苦难的生活就相当于幸福的生活，那么你肯定会失望。没有苦难并不能保证就会获得幸福，愉悦与苦难并不必然互相排斥。

神经系统科学家已经发现了与一些关键的情绪状态相关的大脑的某种化学组成，被称作神经传递介质。愉悦的情绪便来自于某些特定的神经传递介质的生产。例如，多巴胺、催产素（oxytocine）以及β-内啡肽（beta-endorphin）在欲望、满足感、性吸引力方面发挥着重要的作用，而害怕、紧张和难过则与乙酰胆碱（acetylcholine）和压力荷尔蒙皮质醇（cortisol）密切相关。

愉悦的感觉总是稍纵即逝的。无论它是源自按摩、一顿美餐还是性行为，都是大脑中同样的神经元突触（synapse）工作的结果。大脑可以产生内源性阿片肽（endogenous opioid peptide），例如内啡肽、脑啡肽（enkephalin）和强啡肽（dynorphin）。在愉悦感达到顶峰的那一时刻，你可能会对时间和环境全然不知，但这种情况坚持不了多长时间。阿片肽的效力会持续几分钟至几个钟头。

你对疼痛的感受也是一种神经化学体验。如果你割破了你的手指，你神经中的疼痛传感器便会通过脊髓中的纤维将刺激信号传递到丘脑腺体（thalamus gland）。下丘脑也可以发出释放出阿片肽的指令，从而通过中断来自脊髓的信号的传递来抵消疼痛的感觉。当一个跑步的人快要筋疲力尽的时候，内啡肽和脑啡肽的释放会让他跨越痛苦而体会到一种愉悦感

(runner's high)。针灸对于减轻疼痛来讲可能是非常有效的,因为由针刺所带来的小的疼痛会释放大量的阿片肽,它可以压制住你体内的疼痛信号。

抵消消极的情绪

在东方的传统文化中,消除人们头脑中不时萦绕着的消极潜意识想法的做法已经被人们实践了几千年。远离消极的思想是佛教冥想的一个重要要素。因此,了解由消极的思想和情绪所引发的苦难顺理成章地成为培养能带来自然幸福的习惯的第一步。

冥想是一种当思想、观点以及情绪在头脑中出现的时候观察它们的方法。乍一想,学会专注或许有点像处于失意时的一种锻炼。一开始的时候每个人的头脑中都是一片混乱、充斥着"垃圾"。一旦你开始集中注意力,你就会发现你的大脑就像一个壁橱,里面堆满了各种你不知道如何处理的东西。正如一个乱七八糟的壁橱里的东西会掉下来砸到你的头上一样,头脑的混乱也会让你在冥想的时候无所适从。最重要的是要为自己设定现实的目标。每天给自己规定 3 ~ 5 分钟安静的时间去冥想要比把冥想的时间设定为 20 分钟到 1 小时这样不切实际的目标效果更好。要想适应冥想所观察、倾听和感受的东西是需要一段时间的。就像学骑自行车一样,在你掌握了骑车的窍门之前,你会跌倒好多次,会一直感到骑得不稳、没把握。

将在第九章中详细阐述的 28 天计划,是被设计用来优化你生命中的那些小的时间窗口的,从而令你能够开始培养新的思维习惯和新的观察自己情绪的习惯。慢慢地,你就能够拥有在未来扩展冥想和专注力的技巧。

认知工具

认知心理学提供了一套能够帮助你了解你自己的想法的工具。当你开始注意那些从你头脑中下意识地闪过的词语或想法时,你便可以对你自己说“取消、取消”来练习“思维停止(thought-stopping)”了。你也可以在头脑中想象一个删除键,将那个短语从你的思维中删除。在28天计划的“重启”阶段,你将学会使用一些简单的认知工具,它们会帮你支配一些无益的想法。

防止苦难升级

慢慢地,你会发现停止消极的思想原来可以这么自然,与此同时,你也会很惊讶地发现,你的苦难也变少了。当你敲击删除键或提醒你自己停止一个消极的想法时,你实际上是为一个可能演变成糟糕心情的内在过程刹闸。几天以后,你的思维管理技巧可能就会变成积极的内在习惯。

如果没有思维管理技巧,你的本能可能就会迅速演变成情绪。例如,当你开车时另外一辆车让你突然急刹车,一股迅速上涌的怒气会毫无警示地将你占据。如果没有思维停止或思维管理技巧,你所做出的反应很可能会让你在以后感到后悔。但如果你花很短的时间去思考一下,你就能控制住你的本能反应。你可能还会跑到对方司机的座位上,从他的角度来看待当时的局面。通过这种方式锻炼移情(empathy)会让大脑和身体产生影响神经系统的重大化学转变。这听起来很奇怪,在美国也不是常见的做法,但在紧急时期锻炼自己的同情心肌肉会加快你幸福感提高的速度。

将一种强烈的情绪(例如愤怒)向着创造更大利益的方向疏导是建立对他人的同情心或让自己移情于他人的另一种方法。愤怒对于改变来说可能是一个积极的推进器——历史上所有的政治社会变革都是人民利用他们的愤怒反抗非正义的结果,他们的行为为受压迫的人们带来了新的政府,带来了人权,带来了自由。下次你发怒的时候,问问你自己能否利用你的愤怒去造福某个遭受不公正待遇的群体。例如,反醉驾妈妈联盟(Mothers Against Drunk Driving, MADD)是由一群妈妈们成立的组织,她们正是出于对那些杀死了她们的孩子的醉驾司机的愤怒并希望以此来教育其他人才成立的这一机构。

精神成瘾性

生活经验告诉我们,没有什么事情从本质上讲是完全正确或完全错误的,没有绝对的东西,都要视程度和环境而定。自然界的任何东西都有目的。

由于精神活动能引起阿片肽的流动,因此它也能鼓励成瘾性行为。乍一看,这种观点似乎有点与本书基调不太相符,但正如你在晚间新闻里经常看到的那样,宗教极端主义者制造暴力和灾难事件的历史由来已久。

成瘾性行为被认为是人类在寻求幸福的过程中发生的生物事件。所有成瘾性行为都有同样的发生机制,它们之间的区别仅仅在于多巴胺和其他大脑化学成分被释放的方式不同。导致人们成瘾的并不是对令人愉悦的事物的追求,而是逃避生活中遇到的问题的愿望。当精神性行为将其自身作为一种渴求植入大脑的时候,便会出现成瘾性行为。成瘾的经历会永久性地改变大脑中神经细胞的功能,改变遗传信息被解读和被转换成蛋白质的方式。同拥有其他方面成瘾性行为的人一样,精神成瘾者将面临很大的困难去克服他们的这种不正常状况。

“自然”幸福的真相

与遗传学和神经科学最近的研究发现高度一致的宗教观点来自于东方的哲学和宗教流派,这一点不足为奇。西方信仰与印度教和佛教之间的差异就在于它们对于真理来源的理解。犹太教、基督教和伊斯兰教在一本圣书里找到了真理,而东方的宗教和精神导师则教导我们去寻找潜藏在我们内心最深处的东西。

尽管在这两个不同的答案中都可能存在真理的要素,但本书所传递的信息是幸福和精神性的本质存在于我们的基因之中。在最近的科学研究结果为我们的这一结论提供证据之前,“真相”是建立在主观体验、观察、意见、想象、神话传说以及本能的信仰的基础之上的。而现在,你明白了当你感到快乐的时候,是因为内啡肽和脑啡肽在你的大脑里循环流动。而当你随便从事一项善举之时,你会感受到各种阿片肽的共同作用。此时,一切都很阳光、很友好。你会觉得有一种超级力量在佑护你。对于你的生活中新遇到的每个人,你都会感到与他们成为了一体。

结论

从宏观角度来看,由于20世纪及21世纪初所取得的科学突破,我们的意识的进化速度已经加快了。这些科学的里程碑包括基因组的破译、遗传工程、干细胞研究、连接所有事物的通用能量场的发现、相对论以及量子力学。

从微观角度来看,我们知道了如何利用表观遗传学的知识从一种下意识的状态向一种有意识的状态转变。在那种转变过程中,我们可能化解掉消极的想法和情绪,取而代之以积极的情绪和同情的行为,而这反过来会给予我们以幸福的生活——从生物学的角度来讲,这是我们作为人类所注定应该拥有的——作为报偿。

留给读者们的问题

◇ 你认为生命的目的是什么?

◇ 为什么你的幸福对进化的过程很重要?

◇ 如果进化的目的是物种的存活,那么同情他人是不是不如自私对人类的存活有益呢?

◇ 如果28天幸福计划听起来真实可靠,那么为什么你不想试验一下呢?

第九章　自然幸福 28 天计划

提示：该计划并非设计用来代替针对糟糕的健康状况的药物治疗或心理治疗。如果你对你的生理健康状况或心理健康状况有任何疑问，请寻求专业帮助。

光说不练是没用的，因此设计 28 天计划的目的就是为你提供帮助，使自然幸福非常容易地就成为你日常生活的一部分。就像你需要练习挥杆（打高尔夫球时）和一门新语言一样，如果你每天都使用它们，那么你会看到你的水平在逐渐提高。

人们普遍认为，养成一个新的习惯需要 28 天的时间——一个月运周期（lunar cycle）。[1]（成瘾康复计划有时会将这一周期扩充为一个月。）有了这种概念后，我们的 28 天自然幸福计划就可以被分成四个阶段，每个阶段都有一周的时间。这四个阶段是：

第一周：释放（释放压力、焦虑和紧张感）。

第二周：重启（发现你的心流）。

第三周：放松（享受）。

第四周：快乐（唤醒你的心灵和灵魂）。

如何使用这个计划

如果你喜欢为你的工作制订规划，并且让你的规划真正起作用，那么在你每天做一两个练习时,你可以通过日记记录下你的感想。每天拿出固定的时间做练习。让这 5 ~ 10 分钟的时间成为你的私人时间,不允许其他人打扰你。可以把这段时间看作是你送给自己的礼物或给自己的犒赏。它不需要你花费任何东西,也没有货币价值,但其所带来的效应却是无价的。几分钟的心灵时间(soul time)造就了普通的一天和特殊的一天之间的差异。

如果你不喜欢制订计划,而喜欢追随心流而动,那么你可以花一两天的时间来观察你的心流在一昼夜中的高点和低点。找到一两个时间窗口,在此时你可以全神贯注于下面练习中的一个:等待一个电话会议,等着电话的接通,在洗车处,在两项活动之间的时间里坐在自己的车里,健身后让身体热度降下来,散步,或其他类似的活动。一旦你开始集中注意力,你就会发现每天你都会找到几段间歇时间来聚焦于一种自然幸福练习。

你的生活中充满着足够大的压力。设计该计划的目的就是要减轻其中的一些压力,并不是为你增加压力。因此,如果你发现某个练习不太适合你,你不必去做它。你可以去做下一个练习,也可以重复做你喜欢的练习。记住:28 天以后,随着你把一些理念和工具融入到你的日常事务之中,你会从该计划中获取最大化的好处,因为你的身体、心灵和精神会因为持续的使用而充满生气。

对你自己耐心些。灵活些。开心一点。请登录 www. happinessgenes. com 告诉我们你做练习的情况,如果你有任何问题,也请告知我们。

28 天计划

第 1 周:释放

在第一周里,你可以开始从你的心灵、身体和精神中释放压力、挫败感和焦虑。这一系列博采众长的练习将古代的智慧(呼吸、意象和咒语)和最新的认知重构技术（cognitive restructuring technology）（重新调整你的思想以改变你的精神环境）结合起来。

第1天：最普遍的“啊……”

30秒至3分钟

深吸一口气。当你“啊……”的一声松了一口气时，去感受那口气离开你身体的感觉。“啊……”是最普遍的一种让你感到释放的声音。伴随着你呼出的每一口气所发出的“啊……”的声音，你可以感受到紧张和压力正离开你的身体。“啊……”会将你的意念都集中到气息上。（想获得关于“啊……”的强化体验，请登录 www.templeofsacredsound.org，参观“啊……”之神殿。）

在你不打算去做的事情的列表上有哪些项目？

在你今天要做的事情的列表中选择一个你不想做的事情。这件事情可能让你感到有压力，可能让你感到无聊，也可能让你感到很生气，或者你就是不想做它。（但一定要选择不是十分紧迫的事情。）把这件事情从你“要做的事情”的列表中划去。再创建一个列表：我“不打算做的事情”列表。把刚才你从“要做的事情”的列表中删去的那一项列入“不打算做的事情”的列表中。

既然不需要做那件事情了，那么请允许你自己好好享受你为自己空出来的这段时间吧。去散散步，打个盹，读一会儿那些你想读的书，喝杯茶，听听你最喜欢的曲子。感觉很爽，是吧？

如果你不做别的什么事情，那就每天都把这两个练习做一下，一直坚持28天，它们会成为你达到自然幸福的新方法中不可或缺的组成成分。

第2天、第3天和第4天：有色呼吸

30秒至3分钟

打呵欠、伸懒腰、摆一个舒服的姿势。闭上双眼，体会一下你的身体中哪个部位感到很疲乏、肌肉紧张或不舒服。悠然自得地吸一口气，再“啊……”的一声把它呼出去。在心里默默地问问你自己：“什么颜色会让我的身体感到更舒服些？”对这个问题的回答没有错与对；无论你头脑中浮现出哪种颜色，你都要把它吸进你的身体，并让它进入到你身体中任何想要放松或平静下来的部位。随着你把气息释放出去，体会一下紧张、疲劳或不适正以一种不同的颜色离开你的身体的感觉。注意：这并非一个让你有意识地去选择一种颜色的视觉化过程。这种“自发意象”过程需要你具有创造力的潜意识思维发挥作用，而无须你做出任何有意识的努力。也许你会对匆匆闪进你大脑中的颜色感到诧异。也许你会对你每次做这个练习时这一颜色都会发生改变而感到不解。如果你对传统的视觉化过程感到不适应，那么想象一下你能够感知一种颜色可能会让你感觉更容易些。或许你也可以这样想象，某种颜色的分子正搭着你吸入的氧气分子的免费车进入你的体内，通过你的血液流动到达你身体中任何想放松或平静下来的部位。记住要呼出一种不同的颜色：“啊……”

第5天、第6天：平静仪式

5至10分钟

点燃一根蜡烛。放一段舒缓的音乐——如果你喜欢的话，也可以保持安静。当蜡烛火苗的形状和颜色发生改变时，注意观察它。在头脑里想想这两件事：“随着我的细胞的再生，我可以体验到新的活力”，以及“我的细胞和我的基因运转完美”。如果你的思维开始离开火苗，请重复上面的做法。

第7天：上升、上升，并逐渐远去

7至10分钟

做这个练习可用一个真正的气球，也可以用一个想象中的气球。

把你的气球充好气。用一支水彩笔在气球上写上今天你想让它远离你的事情:对金钱、工作、健康、家庭、搬迁、失业、付账、某种关系、某种友情、自尊、体重等问题的忧虑。

走到外面去,将气球放飞于空中。随着它逐渐变小、越飞越远,那些忧虑也随之而去!你可以让这些忧虑远去。

另外,你也可以开枪把气球打碎!把这些问题彻底摧毁的感觉不是很好吗?

第 2 周:重启

你可能看到过那些关于"信息超负荷"的电视广告。同电脑一样,你的心灵、身体和精神也由于承受了太多的任务以及遭到了太多的信息和感官数据的轰炸而超负荷运转。当这种情况发生时,你需要重启你自己。

本周的练习会把神经语言规划(NLP, neurolinguistic programming)和自我催眠加进你博采众长的自然幸福计划中。

第 1 天:发现你的心流

3 至 5 分钟

回想一下这样一个时点,在那时你的行动和决定都非常地流畅。或许你会回想起当最终期限就快到来前,你仍能有条不紊地分配任务?或许是为一次聚餐准备了几样菜?让你的家人顺利、按时出门?在滑雪场待的一天?打球?投放一个新产品或实施一个新项目?

闭上眼睛。让你的思维把你重新带回那个时候。

想象一下你就在那一天,就在那个时刻,这样你就可以用你自己的眼睛来看,用你自己的耳朵来听,用你的身体来感知在那个时刻你所体会的任何事情。

握住一个拳头或者用手摸摸你的一个耳垂。

通过增加你与这一体验相联系的颜色的亮度，调整你与这一体验相联系的声音的音量，或稍微动动你的头、脖子或肩膀，你可以试着了解如何最大化你的心流。随着你心流的状态在强度上逐渐加大，提高你在手上或耳垂上施加的力。当你施加的力如同一首和弦乐一样达到最大值并开始减弱的时候，放开你的拳头或你的手。把你的双手甩一甩。

要想重新激活你的心流，再握紧那个拳头或再去碰触那个耳垂。深吸一口气，并对自己说："把我带回来。"你的边缘系统（情绪大脑）可以立刻重放那些情绪分子，这样你便可以随时找到你的心流。

练习这项被称作"心锚"的技巧越多，你就可以通过拳头或耳垂的这种联系而在你的心中积蓄力量。

第 2 天、第 3 天和第 4 天：有色呼吸与发现你的心流

3 至 5 分钟

练习有色呼吸。当你感觉自己处于完全放松的状态时，握住拳头或摸自己的耳垂，去发现你的心流。对你自己说："把我带回来！"

将这两种技巧结合起来可能会将你带入到一种改变了的意识状态之中，在这种意识状态下，你会体验到一种灵魂与宇宙之间联系在一起的感觉。你的五种感觉可能都会得到增强。当颜色、声音、味道、触感和气味都增强了的时候，不要感到惊讶。

第 5 天和第 6 天

5 至 10 分钟

点燃一根蜡烛。放一段舒缓的音乐——如果你喜欢的话，也可以保持安静。当蜡烛火苗的形状和颜色发生改变时，注意观察它。在心里想这样的事：我的潜意识思维知道如何为了健康和快乐而将我的基因优化。如果你的思维开始离开火苗，请重复上面的做法。

第7天 看似矛盾的重启

1至2分钟

这似乎是不符合逻辑的或者是违背直觉的,但你会对结果感到震惊。

从你的习惯之中选择一个你想要改掉的。或许你想不再咬指甲或者在开会时不再跷二郎腿了。也或许你想不要再总是丢东西或不再笨手笨脚的了。你可能至少有一种想改掉的习惯,你比任何其他人都知道这个习惯是什么。

今天就选择这样一个你想要改掉的习惯并故意地把它再做一遍。带有目的地去做。

就这些。

第3周:放松

恭喜你!这个计划你已经完成了一半了。

本周,你会新增一个达到情感自由的工具。

本周,你可以用不紧张的安排来犒赏一下自己。我们不想让你患上乐趣丧失综合征。[2] 请在本周末拿出一天时间来休息一下。这是你应得的。

好好享受这一周!

第1天:大笑

你想笑多长时间、想什么时候笑都可以!

你的朋友之中有没有谁极富幽默感的?有没有哪个你最喜欢的喜剧演员能令你在开车的时候还听他表演的节目。当你大笑的时候,你自然会感到很快乐。在《一种疾病的解剖病理学》(*Anatomy of an Illness*)一书中,诺曼·卡曾斯(Norman Cousins)描述了在他被诊断患上了一种不治之症后是如何通过每天都看一些经典的喜剧而进行自我治疗的。这本书非常值得一读,因为书的结尾写道,奇迹发生了,卡曾斯的医生告诉他,他的病已经彻底好了。显然,他是通过大笑把自己治好了。

第2天:让你的灵魂跟上

10至20分钟

你怎样才能慢下来从而让你的灵魂能够跟上你?美国当地的一个传统是徒步走10英里,直到你的身体、心灵和精神达到协调一致。如果你体力不是太好或者不是那么雄心勃勃的话,那么你可以采取散步的方式。花点时间在你自家的花园里、附近的公园里或当地的海边走一走。感受一下你的双脚接触地面时的感觉。美国当地的传统、佛教的教义及其他的灵修(spiritual practice)都强调要想让你的灵魂跟得上你的步伐,与大自然质朴而有力的联系所起的作用。

一动不动地站着。在土里或沙子里扭动你的脚趾。花几分钟的时间充分注意你脚底板的感觉——粗糙还是光滑,热还是冷,干还是湿。如果天气允许的话,找一个舒适的地方躺下。从头到脚,然后再从脚到头放松你的身体。去体会心痛、担忧或愤怒离你而去的感觉。默默地向土地之神、大海和空气之神表示谢意,因为它们吸纳了那些离你而去的东西。

第3天和第4天:情感自由技巧

1至3分钟

如果你惯用右手,那么就用右手做这项练习;反之,如果你是左撇子,就用左手做这项练习。

你在哪方面对自己不太满意?身体方面、个性方面还是其他方面?

抵住你的手的侧边,在小指下缘和手腕上缘之间一半的位置上,做一系列的空手道掌劈动作。(如果你习惯用右手,就用右手来做;否则就用左手来做。)大声说三次:"即使我心烦意乱我也能接受自己。"

现在,盯住镜子里你的眼睛。大声说三次:"(……事)我原谅了你。我把你当作一个人来爱和接受。"

把你对于这项练习的想法和感觉写在某个地方，以便几个月后你可以把它们重新读一下。在你的床边不远处放上一个笔记本和一支钢笔或者一个录音机，以记录下今晚、明晚甚或是接下来的几个晚上所可能做的新的和有趣的梦。

第5天和第6天：平静仪式

5至10分钟

点燃一根蜡烛。放一段舒缓的音乐——如果你喜欢的话，也可以保持安静。当蜡烛火苗的形状和颜色发生改变时，注意观察它。在心里想这样的事：我的细胞和基因处于极佳的健康和平衡状态，我要把快乐的感觉和想法输送到全身的细胞和基因。如果你的思维开始离开火苗，请重复上面的做法。

第7天：休息

开心地玩一天！你的细胞和基因都会感谢你。

第4周：快乐

在28天计划的最后一周里，你每天都要拿出点时间来赞颂一下自己获得的对事物的新领悟以及对于活着的快乐之情。你要用一种古代的模板作为格式记录下你自己深思和祈祷的情况。格雷格·布雷登研究了世界上诸多伟大的信仰中的精神大师们的著作，从而发现了从人的灵魂中创建一条可以被宇宙“解读”的信息的隐藏模板。我们邀请你在完成这项计划后将这种深思或祈祷变成每天都要做的一项工作。

第1天和第2天：深思的陈述或祈祷

20分钟至1小时

“无论是有意识的还是无意识的，古人显然知道如何对付联系万事万物的能量场。”《失去的祈祷模式的秘密：美丽、祝福、智慧、伤痛的潜藏力量》(*Secrets of the Lost Mode of Prayer*: *The Hidden Power of Beauty*, *Blessing*, *Wisdom*, *and Hurt*)一书的作者格雷格·布雷登说,"如果我们能够以一种能量场可以理解的方式与其进行交流,那么我们便突然拥有了改变基因蓝图的能力。"[3]

他所提到的这种模式的历史可以追溯到5,000年以前。它确实很管用!

任何计算机程序都有三个基本的部分:

◇ 初始化语句:这些语句将程序运行所需要的全部信息汇聚到一起。

◇ 执行语句:这些语句执行计算或完成某些工作。

◇ 完成语句:这些语句把全部信息汇聚到一起,并以完成作为结尾。

审视过往的一些非常伟大的祷文,我们都可以将其分割成计算机程序的这三个部分。我们以主祷文(the Lord's Prayer)为例。当我们分析其架构时,我们会感到惊讶。第一句话——"我们在天上的父,愿人都尊你的名为圣"——并没有让我们去做任何事情。它就是初始化语句。它创造了一个情感的宣泄口。我们表达了我们对这一伟大神灵的敬意,并在我们的体内营造出一种情感,令我们对神敞开心扉。第二部分是执行语句:"我们日用的饮食,今日赐给我们;免我们的债,如同我们免了别人的债。"这些句子就相当于计算机程序中的执行指令。

完成语句则发出了另一个宣言。我们说:"王国永远是你的,权力永远是你的,荣耀永远是你的……"然后是"阿门(amen)"(基督徒是这么说的,而在亚拉姆语①里则说allahm或amin)。这就是结束语。

世界上所有伟大的祷文都遵循着这种格式。

---

① 亚拉姆语有3,000年的历史,是世界上少数存活了上千年的古老语言之一。它被认为是耶稣基督时代的犹太人的日常用语。一些学者更认为耶稣基督是以这种语言传道。现在还有不少叙利亚人讲这种语言。——译者注

今天，花一些时间来认真思索一下对于你来讲什么是神圣的事情。从哪些地方你会找到人生的意义所在？什么令你的人生变得开阔？无论你是否信奉上帝、神灵或宇宙（the Universe）或一种更强大的力量，你都会无条件地对美丽、爱情、感激、原谅或被关爱是什么样子进行思索。

利用布雷登的三步模式，把你个人内心所深思的东西或祷文写下来并大声读出来。给你自己充足的时间。让你的心灵与你自己对话。

第3天：正是因为……

一整天

今天，为你的人生庆祝一下。在你开始你的这一天之前，首先静静地坐上几分钟。在你的头脑里、在你的意识里，或在你的身体里，事先排练一下这美好的一天。去看、去听、去感觉今天将会发生的事情。花点时间做些对于你自己来讲很特别的事情。同最近过得比较艰难的朋友联系一下。主动帮助一些你不认识的人。寂静无声地待上一小时。找一本励志类的书读上几段。如果你有最喜欢做的事，比如瑜伽、跳舞、划皮划艇、开车，那么就去做。今天，让你的感恩之心在你的心灵、身体和精神之中充分流动。

为什么？

正是因为你是……而且能够这样做了！

第4天：发现你心里想要的

5至10分钟

如果你每天都是快马加鞭地工作直到晚上上床，而且纵使休息也只是抢出来的几小时睡眠时间，第二天继续这般紧张的工作，那么你会感觉你的生活很繁忙，但却并不充实。这种情况说明，你把精力都用在你应该做的事情上了，却忽略了你真正想做的事情。

闭上双眼。利用有色呼吸、深思或祈祷帮助你的思绪平静下来。如果你发现你的思绪依然无法平静下来，那么就把你脑子里的每个想法或评论想象成在一个巨大的水族馆里从你身边游过的一条条的鱼。或许你会惊讶地发现这些“思想之鱼”正随着它们之前空间的增大而变慢。别忘了“啊……”一下。

把你的注意力想象成计算机的光标。把这个光标移动到你的心里。去感受它。去倾听它。观察可能由此出现的任何自发的意象。问问自己的内心想要什么——你想要的东西。如果你对于内心所给出的回答感到困惑的话,就问问:“你真正想的是什么?”把你头脑里闪过的答案用笔记下来。日后你会想再看看你当时的答案。

第 5 天和第 6 天:平静仪式

点燃一根蜡烛。放一段舒缓的音乐——如果你喜欢的话,也可以保持安静。当蜡烛火苗的形状和颜色发生改变时,注意观察它。在心里想这样的事:我的快乐正在帮助我的基因,我庆幸我做出了有意识进化的选择。如果你的思维开始离开火苗,请重复上面的做法。

第 7 天:矛盾仪式

今天,你可以好好体会一下下面这句看似矛盾但却非常有道理的话:你把你所喜爱的东西拿出来与人分享得越多,你就越会感觉到快乐。今天,就把你的内心清空,也许你做梦都不会想到你会感到充实了很多。

试图抓住幸福并将它一直留在自己身边就如同试图抓住风并把它放进你的口袋里一样。它会在你的手中消失掉。但是如果你把你所喜爱的东西以及能使你快乐的东西拿出来与别人分享,你会变得更加快乐。

20 世纪的一位伟大的精神病医生米尔顿·埃里克森(Milton Erickson)博士曾经遇到过一位患上抑郁症并企图自杀的女士。他问她,在这个世界上她最喜爱的东西是什么。当她告诉埃里克森博士她最喜爱的东西是生长中的紫罗兰时,他让她把它们分发出去——给她的邻居、教区内的居民、学生、生病的人以及任何需要它们的人。他告诉她,如果她过了一个月后仍想自杀的话,那么那时她可以再来找他。

从那以后,他再没收到过她的来信。大约 20 年以后,他在当地的报纸上看到了一则讣告。被称为“紫罗兰夫人”的那位女士活了 80 多岁,她因为种植了大量紫罗兰并将它们作为礼物分发出去而在她所在的社区里备受人们的爱戴。几百人参加了悼念她的仪式,因为她送给他们的紫罗兰对他们来讲意味着很多。

你不必非要等到濒临绝望之时才去与别人分享你的快乐。你也不必非要做一个园丁。把你知道的信息告诉大家;唱歌;发送电子邮件;写便条;烘焙一些饼干并把它们带到工作单位或在送你的孩子上学时带上一些饼干分发给小朋友。

即使是在世界正濒临灾难或你正处于人生一段困难的时期时,这种做法也一样有作用。即便是在处于一种无法想象的环境之中,比如说战争时期,还是会有一些人像那个于波斯尼亚战争时在城市的广场上演奏音乐的大提琴手那样。为他的演奏做背景的是隆隆的枪炮声和炸弹爆炸的声音。然而,他坚持在同一时间同一地点演奏了几年。有人问他为什么会这么做,他回答道:“因为世界对音乐的需求超过了对任何事物的需求。”[4] 找到你的音乐,并把它以你可能的任何方式唱出来。我们需要听到你的声音。

重新组合

如果你在执行这一 28 天计划时在任何一个方面遇到了麻烦,那么下一章将会额外提供给你一些具体的措施或方法帮助你获得或保持良好的快乐习惯。你不一定非得将这一计划执行下去,但我们希望你将其中的一些技巧融入你个人的自然幸福工具箱之中。欢迎你随时再来关注这一计划。

它对你有没有什么作用？我们是否应该改变些什么？将其中的一些练习替换掉？把它们换换位置？哪个练习的效果本来可以更好？哪个练习你不太喜欢？请告诉我们。我们期待在网址 www. happinessgenes. com 上收到你的来信。

第十章　将幸福习惯内化

上一章介绍的28天自然幸福计划具有实用、用户友好性以及在时间方面高效率等特点，它可以令你建立起很多良好的习惯，从而令快乐成为你日常生活中很自然的一个部分。前八章的内容不仅为第九章的练习也为本章将要介绍的这些习惯打下了认知的基础——正如表观遗传学所表明的那样，你的基因并不必然决定你的命运；你可以选择改变你的信念（观念）、情感和行为。

正如吸入的空气和吃进的食物可以影响或改进某些特定基因的行为一样，通过自我对话所强化的信念，通过心灵之目所看到的形象，以及朝向或远离某人、某事、某地的本能运动，都会引发基因中的某些变化。需要注意的一个关键问题就是，很多外在的因素是你无法控制的。如果有一个工作队正在你家旁边的大街上挖坑安装光纤电缆，那么外面的噪音量你是无法改变的，但你可以改变的是你对噪音所做出的反应。你可以通过听音乐或全神贯注于上网的方式在大脑之中关闭这种背景音乐，而不是因为这种噪音而变得很烦躁，那样只会让你的体内产生大量的压力荷尔蒙。通过改变你的反应方式，你可以防止一些能够导致某些特定基因被打开或关闭的化学变化的发生。在奥尼什对患有前列腺癌的患者的研究中，包含散步、健康饮食以及冥想等一系列方案的计划关闭了500多个癌症基因，从而防止它们被表达或被激活。在对12个曾试图自杀的人的研究中，研究人员发现调节压力荷尔蒙量的基因无法发挥正常功能，因此 这些人体内持续充斥着过量的压力荷尔蒙,直到无法控制。这两项研究都证明了内在环境对于基因的行为有着重大的影响。

建立新的习惯

习惯性行为是不假思索而做出的。例如,当你进入到你的车里时,你不必去想你要做的前五件事。早在你刚开始学开车的时候就学会了那个顺序。几年以后,这个顺序变成了一种自动化的程式,以至于你可能要费好一番力气才能把这个顺序说出来。这就是关于日常习惯的一个常见的例子。它是你所从事的一种不需要意识参与的例行活动。

正好你所知道的,有些习惯是非常有帮助的,例如那些能够使你安全驾驶的习惯。而另外一些习惯,比如说咬指甲或吸烟,则要么对你没有帮助,要么不健康。所有的习惯都有一个共同的特点,那就是它们都是你习得的行为。你并不是生下来就喜欢做这些事。

学习会带你经历四个阶段:

1. 不知道自己不知道(unconscious incompetence):你不知道如何做某事,而且你没有意识到自己不知道如何做这件事。
2. 知道自己不知道(conscious incompetence):你意识到自己不知道如何做某事,但你已经开始着手去学习了。
3. 知道自己知道(conscious competence):知道要做什么,但你必须思考一番。它还没有成为一种自动的过程。
4. 不知道自己知道(unconscious competence):你不必须考虑如何做某事,因为你的身体或思维已经将这些步骤吸收并融入到一个自然流畅的过程中去了。事实上,如果要你解释如何做这件事,你得费好一番力气才能回想起来。

认知习惯(有时称为"内在习惯"或"思维习惯")是一种通过重复(被

称作“自我对话”)来强化的信念。不断做出的情感反应会让你产生一系列关于你自己和生活的看法。例如,如果你害怕坐电梯,且当无论何时脑海中浮现出电梯的样子时心都会怦怦直跳,那么你的思维就会以这样一种观念向你解读这一现象:“电梯很危险。别靠近它。”这或许是因为你小时曾经有卡在电梯里的经历,或许是因为你曾经看到过的某个电影里的人们被卡在电梯里的镜头把给你吓着了。不论什么原因,你的情感和身体上的反应(被称作“肌肉运动知觉”反应)都已凌驾于你的逻辑思维之上。

你的潜意识思维驱动你的个性

根据弗洛伊德的说法,人的思维包括两个部分:意识思维和潜意识思维。意识思维是逻辑思想者。当你在想“我就是这个样子”时,你通常会把你的意识思维当作“自我”(“the self”)。但人的思维就像一个冰山,而意识思维正像是冰山的一角。它只不过是一个我们可以觉察的部分,但实际上它只代表整体中一个很小的部分。而占精神主体的部分就如同冰山的大部分一样,处于表面之下。就冰山来讲,它较大的部分都潜藏在水面之下。而就你的思维来讲,其绝大部分都潜藏在你的注意力层(level attention)之下,也正因为如此,这部分才被命名为潜意识(sub-conscious)[①]思维(也被称为无意识思维)。

意识思维说:“我不应该害怕电梯。”

而潜意识思维则立刻为你拉了一道救生线,让一切中止。你身体内部的一部分在尖叫:“啊!别让我坐电梯!”

你该听哪个部分的?

没错,潜意识思维拥有更大的力量。无论你的逻辑思维说什么,只要你

① 在英语中,前缀“sub-”有“在……之下”的意思。——译者注

的潜意识思维想刹车(或开车),你都会发现你正做着它想做的事。

对于幸福这一问题来讲,一丁点儿的刺激或导致刺激的原因都可能影响一个人习惯性的思考和感知方式。如果你失业了,并且在寻找新工作的过程中遇到了很大的困难,那么你很可能会回忆起过去你不如意的一些时候。而你会不由自主地这样想:“什么事都不按我所期望的轨迹去走。”要不了多久,伤感和挫败就会伴随着你的这种想法而来。很快,你便开始认为:“我永远都不会幸福了。”

不管你信不信,这些在你的头脑里默默地重复着的想法可能会像一天抽三包烟那样有害。这种“认知习惯”不仅会妨碍你产生积极乐观的心态以及对新事物的好奇心,还会提高你体内的压力荷尔蒙水平,并让你的大脑难以持续产生健康的神经传递介质。随着你不断地强化这种有害的自我对话,增大的压力会降低你的免疫系统的能力,并且阻碍那些对你的幸福感起至关重要作用的基因被激活。

好消息是由于习惯是一种习得的东西,因此它也可以被反习得(unlearned)。你需要找到它,确认它,然后做一些改变思维的练习,是的,你可以改变它。那些对你的健康有害的想法和情绪是可以被释放掉的,你可以重启你的思维模式。

还记得这个古老的谜题吗?

问:如何才能实现在卡内基音乐厅演奏的梦想?

答:练习,练习,还是练习。

催眠与自我催眠

催眠是一种有着几千年历史的意念或身体干预形式。“催眠”(“hypnosis”)这一术语来源于古希腊,其睡眠之神名叫许普诺斯(Hypnos)。

尽管催眠经常被当作一种社交技巧(parlor trick),但娱乐性质的催眠和治疗性质的催眠之间还是存在着区别的。在这两种条件下,催眠都是一种能带来深度放松状态的方法,在这种状态下,我们的潜意识更容易接受各种建议。在舞台上表演的催眠师会提出一些建议,这些建议对参与者是没有伤害的,但却会让观众感到很滑稽。催眠师和参与者的目的都是为了娱乐观众。而治疗性催眠则发生在一个一对一的环境之中,其目标是帮助接受催眠者利用他自己潜意识中具有治疗性功用的资源来达到纠正其某些想法、情感模式或行为的目的。

催眠状态分为好多层次。例如,你可能有过这样的经历:你驾车沿着高速公路在行驶,这时,你突然意识到错过了转弯的路口。你并没有无意识控制地驾车,只不过你的注意力集中到了别的事情上。实际上你是处于一种催眠状态。另外的例子还包括做白日梦、读书或看电视。就连文字都有催眠功能,它们可以刺激你的想象力,在你的头脑之中创造出一种暗示。冥想和祈祷也是催眠状态的两种形式。换句话说,无论什么时候,只要你在做某事时并没有有意识地思考它,那么你就处于一种催眠状态。

自我催眠是一种自我诱导形式的催眠,你可以将其应用于几乎所有的取决于你自身努力程度或用你的思维可以影响的活动或结果中。有时,其结果好像很神秘甚至不可思议,然而它发生作用的方式却是一贯不变的,是可以被解释、被预测和重复的。它属于生物学的范畴,与魔法无关。你只不过是在学习如何让你的意识思维深度且不费力气地聚焦于放松,而向你的潜意识思维暗示它可以体验到新层次的自然幸福。

经过足够多的练习后,你将能够给你自己一个催眠后的暗示,这种暗示可以在你的自我催眠时间结束后延长你所希望得到的结果。催眠后暗示的应用非常有效。当你仅通过你的意志力来改变某一习惯或某一行为时,你只不过使用了10%的思维,而当你安排你的潜意识思维来改变你的整个思维并保持这种改变时,那么你便令潜藏在你的注意力临界点以下的那90%

的思维的能力得到了充分发挥。

潜意识思维并不进行推理,也不进行逻辑思考。它只接受它直接感受到的,其中也包括意识思维所想象出来的东西。如果我们让你想象一个外观光滑、汁液丰富的柠檬并把它拿在手里,然后切下一片放进你的嘴里,那么会发生什么情况?难道你的嘴里不会分泌很多唾液吗?你的唾液腺是你的自主神经系统的一部分,也就是说它们是不受你的意识的控制的。如果你试图告诉你自己去大量分泌唾液,那么你的口却可能会变干。但当自主神经系统得到一个强大的暗示时,比如刚才提到的关于柠檬的那个暗示,你会无法控制地分泌大量唾液。即使你嘴里没有真正的柠檬,你的潜意识思维也会认为柠檬是真实存在的,从而在十亿分之一秒内便会触发你的唾液腺。

简言之,这便是催眠的要旨所在。你可以简单直接地将其理解成:以一种非常逼真的方式来想象某一事物,以至于你的身体都认为它是真实存在的。你会一直感到很舒服和放松。

构成幸福习惯的要素

目　标

第一步是对于你到底想要实现怎样的目标有一个明确的界定。说你想实现自然幸福从意识思维的角度来看还可以,但这种简单的目标设定却无法给你的潜意识思维留下太多的印象。要想给潜意识思维造成影响,目标必须清楚,不能模糊。当你构思你要给出的暗示时,你必须知道要实现你的目标你需要养成的一些特定的行为。

暗 示

暗示的力量对于我们的行为、观念和价值观都有重大的影响。我们的本能让我们可以通过五种感官持续地监控我们接收到的各种信息，通常是寻找机会而警惕威胁（尤其是在潜意识层面）。很多对我们非常重要的信息都具有暗示性。简而言之，我们已经准备好了对暗示做出反应。我们所讨论的暗示并不是促使我们做出一种由主观意志控制的反应，相反，它是一种能诱发不由主观意志控制的反应的催眠性暗示。暗示的效力已经在医疗界以及人类行为的各个领域得到了一次又一次的证明。一个典型的例子就是安慰剂（placebo）[①]的应用。为了让安慰剂发挥效力，接受治疗者必须认为他正在接受药物治疗。广告是暗示在实际中应用的另一个有代表性的例子。大多数人都说，广告不会影响他们的决策，但如果伴随着广告的增加而销售额上升，那么广告实际上就是在发挥作用的。为了说明暗示是如何在几乎所有行为领域都发挥作用的，让我们思考一下被普遍引用的巴甫洛夫的狗的例子。巴甫洛夫曾通过多次训练使狗将铃声与食物关联起来，所以后来当他再摇铃的时候，狗就会流口水，这就是对暗示的一个条件反应。我们每个人都有我们自己的相当于巴甫洛夫的铃声的例子。

在自我催眠中，向潜意识思维所做的暗示会提高它对新习惯的接受能力。但是，尽管我们对暗示的力量非常地敏感，然而我们的潜意识的主要功能却是保护我们，并因此拒绝那些它（指潜意识）认为对我们具有威胁性或不符合我们利益的暗示。例如，如果你的潜意识认为肉类食品对改善你的健康状况是必不可少的，那么让你的饮食习惯向植物性食物转变的暗示就

① 指用来代替真正药物而病人并不知晓的安慰剂。通常人们仅凭知道自己已服过药，不管药物产生药效与否，病情就会发生好转。这一现象叫作“安慰剂疗效”。——译者注

不会产生什么效力。

确　认

暗示包括确认,它可以是口头的,也可以是默不作声的,还可以是一个图像。根据你的思维是更加偏好视觉形象还是更加偏好语言文字,你会对视觉化的暗示或口头的暗示做出反应。每个人都不一样,并不是每个人都可以很自如地将事物在头脑中进行视觉化。你要对你自己进行一次试验以确定到底是视觉形象对你更有吸引力,还是语言对你更有吸引力。记住,这没有什么对错之分!只不过是要为你找到最佳方式。我们说的“最佳方式”,其实就是让你感觉最自如的方式。如果你对语言能做出更好的反应的话,就不必非得强迫自己在头脑中进行视觉化。而如果你的思维选择了视觉化,你也不应该去责备自己。无论你采取哪种方式,当你放松下来并向自己做出一些与快乐相关的暗示时,你的潜意识思维都会通过培养能支持那种观念的新习惯来将这一过程执行到底。尽管这听起来有些过于简单化,但催眠确实可以将你是幸福的这一观念植入你的潜意识思维,而这反过来会令你实现幸福的可能性更大。与潜意识相关的工作必须在一种放松而不是充满压力的状态下进行。你可以用一个微笑来强化自我催眠!那是一种任何人都会记住的催眠后暗示。

催眠后暗示

自我催眠中最强大的工具就是催眠后暗示。当处于催眠状态时,意识思维丧失了做出关键决策的能力,而你的潜意识思维会将一种暗示当作现实而接受。一个强大的暗示在催眠状态结束后会依旧发挥作用,此时你的意识思维会将你的这一暗示作为它的决策过程的一个部分来接受。你所处的催眠状态越深，暗示就越容易被移植到你的潜意识思维中。你越是将暗示当作一种现实来体验，在你醒来的时候，它就越会成为一种现实。

催眠后触发器

触发器会对自我催眠状态期内植入你的潜意识思维的催眠后暗示产生一种反应。它可以是一句话或一次触碰，还可以是一个声音或一种视觉提示，也可以是一种气味或一种味道，甚或一种情绪。你所植入的暗示越强大，触发器对其所带来的反应所产生的影响作用就更大。然后，你可以创造一种催眠后的暗示来对植入你的潜意识思维的积极触发器做出反应。

当你练习催眠诱导（附录Ⅱ有详细介绍）并且倒数至零时，在你平静而放松的头脑中告诉你自己，在一个你非常喜欢的地方你会感觉非常舒适。这个地方可能是人记忆中的某个地方，也可能是一个新地方，抑或仅仅是你内心深处的某个让人有着积极体验的地方。自然界中很多美丽的地方（比如花园和海滩）对人们有着普遍的吸引力。一旦你进入到催眠状态中，告诉你自己把你的拇指和食指放在一起（或者使用你所喜欢的单词或一种对你来讲有意义的触碰）。这将成为你的触发器，它会让你想起那时你的感觉是多么放松和平静。每次你练习自我催眠并且巩固你的触发器时，触发器在你的潜意识思维中都会变得越来越强大。每次你触发你的暗示，它的作用都会发挥得更好，也会做出更积极的响应。

如果你在三周后并没有看到任何改观，那么我们建议你向一位专业的催眠治疗师或在催眠领域受过训练的心理学家进行咨询。有时，由于你距离问题太近，因此很可能会“只见树木，不见森林”。仅仅通过一本书来培养自我催眠的技巧可能是件非常具有挑战性的事情，因为你必须反复看它的各个步骤，并且在闭上眼时重复这些步骤。如果有人给你口头提示，你自己只需要按照他的提示来做，那么成功便会来得容易些。当这种提示让你感觉很轻松自然时，在这种情况下很可能会产生最佳的效果。另一种方法就是自己给自己提示，具体来讲就是将这些步骤读出来，然后录下来回放。就寝时间是运用暗示的最佳时间。在入睡之前，重复你的语言暗示或在头脑中将你的形象暗示视觉化。这样做会将这些暗示载入到你的潜意识思维中，在你处于睡眠状态时，你的潜意识思维将会与这些暗示一道共同发挥作用。

身心干预与表观遗传学

直到最近在遗传学领域所做的研究，大多数的科学家还都认为人体是一个受其基因调控的生化机器，我们（艺术方面和智力方面）的能力和我们的健康状况（疾病、抑郁等等）都是受基因调控的。但现在，在人类基因组工程和新兴的表观遗传学的推动促进下，人们逐渐意识到，我们的环境，或者更具体地说是我们对环境的主观感受（解读）会通过一种被称作表观遗传能量（epigenetic energy）的过程对我们的基因表达产生影响。这种关于人类生物学的新观点将心灵和精神在人的康复过程中所起的作用考虑了进来，因为当我们改变了我们的主观感受或观点时，我们会向我们的细胞发出完全不同的信息，并会重新设定它们的表达。这或许也可以解释为什么有些人的病症可以自行减轻，以及为什么有些人可以从一些被认为将是永远的残障中恢复过来。

培养精神习惯

正如前几章所描述的那样，广受欢迎的自助计划旨在推广这样一种观念，即通过意志力的使用，我们可以克服掉不健康的习惯，而培养出健康的习惯。但实际情况并非如此。当你使用意志力的时候，你需要对你的习惯保持一种持续的警戒状态，因为你的意识稍有懈怠，潜意识思维便会执行其旧有的习惯程序。潜意识思维可以被看成是一个磁带录音机，它会在没有任何来自于意识思维的监督的条件下，将从基因和外部环境输入进来的东西记录下来。

意识思维负责带有思考性、创造性、决策性的工作，而潜意识思维则好比一台超级计算机，里面装有一个囊括了众多已设定好程序的行为的数据库。其中有些程序的形成与遗传学有关，例如本能；而有些程序的形成则有赖于后天的培养和从我们的学习经验中所总结出的观念。潜意识思维不用于推理，它不是具有创造力的意识。它只对刺激做出反应。当一种环境信号被觉察到时，潜意识思维便会以一种其储备的行为反应做出回应——并不涉及大脑的思考行为。

因此，潜意识行为程序没有什么好坏之分。而且，作为一种信息处理器，潜意识思维比意识思维拥有强大得多的能力。神经科学家们指出，在你每天的认知活动中，意识思维所起的作用只占5%，而潜意识思维却占到了95%。因此无论你将你的潜意识思维中包括不良本能和习惯的磁带替换掉的决心有多大，你都必须把你希望养成的新习惯记录进来。

通常来讲，改变旧习惯有两种方法。首先，我们可以变得更具自觉意识，较少依赖于自动化的潜意识程序。通过保持有充分自觉意识的状态，我们就会对我们培养新习惯的能力拥有更大的控制力。

应激与健康

第九章介绍的28天计划会为我们带来很多非常健康的副效应，比如提高对精神的信仰程度，改善你的基准情绪状态，创造一种一贯乐观向上的思维模式。研究显示，你也在改变一些对你获得幸福感不可或缺的基因的表达方式。你的思维和你的生理机能会持续向着能为你带来更大幸福感的方向发展。

应激是身体对变化所做出的反应。正如 20 世纪 20 年代汉斯·塞利(Hans Selye)博士所界定的那样,应激没有好坏之分。良性应激(eu-stress)是指健康的应激,比如工资提高或庆祝生日等。不良应激(dis-stress)是指不健康的应激。不良应激可以导致免疫系统功能的降低、血压的升高、头痛程度的增加以及胃肠功能的紊乱。有人说,在美国,寻求内科医生帮助的人中大约有 85% 的人是受到了不良应激的困扰。

压力荷尔蒙皮质醇有着与脱氢表雄酮(DHEA)相同的化学先质,它是我们体内最常见的一种荷尔蒙,与很多重要的健康性功能相关,比如寿命和细胞修复。皮质醇和 DHEA 都来自于肾上腺,因此当肾上腺分泌产生具有较高优先级的生存荷尔蒙(survival hormone)皮质醇时,其 DHEA 的分泌就会受到抑制,而我们的健康状况也会受到不利的影响。

此外,身体的应激反应会引致大量的化学反应,使许多荷尔蒙和神经传递介质发生改变以应对应激刺激。因此,应激管理对于幸福与健康是至关重要的。实际上,这一培养幸福习惯的计划中的所有模式,比如专注和放松反应(更不用说喜爱和同情了)都可以被认为是天然的减压器(de-stressor)。事实上,可以这样讲,从表观遗传学的角度来看,我们正在为获取自然幸福与健康改变我们的细胞结构。

做一些打基础的工作

下面是我们给出的一张带有建议性质的练习日程表。如同园丁在播种之前要对土壤做一些准备工作一样,这些练习有助于调节潜意识思维,使它更容易接受一些新的观念、情感模式以及行为,而这些新的观念、情感模式和行为能够让我们养成可以带给我们自然、持久幸福的新习惯。

计划的纲要

前两周

◇　专注的行为。

◇　同情的行为。

◇　喜欢的行为。

◇　放松反应的行为。

第三周

◇　每天将上述行为做两遍。

◇　每天做 10 分钟的自我催眠练习。

◇　每天做 5 分钟的口头暗示练习。

第四周

◇　每周练习一种利他行为四次。

◇　每天做 15 分钟的催眠练习。

◇　每周做几次催眠后暗示练习。

◇　每周做四次确认练习。

专　　注

专注练习将帮你了解到深埋于你的潜意识之中的心理习惯。这种心灵(身体)技巧经常被人们称作“活在当下”。要想做出一些改变,你必须首先明确你正在想到的东西和正在感觉到的东西。整个计划从头到尾,专注的练习对于你培养对可能会妨碍你的隐性观念和自动模式的掌控都是至关重要的。

专注是每个人(无论其文化、种族或背景)都具备的一种自然的心理习惯。它既非观念也非传统，既不带有宗教性质也不属于科学范畴，而是时时刻刻让你意识到你的生活状态的一种实用、自然的方法。专注的练习无非是让你在当下时刻不武断地对你的想法、情感和环境做出判断。从东方意识(eastern consciousness)的角度来看，西方意识状态似乎就像防止你醒来去体验丰富生活的一个被延长的梦。而每天都进行专注的练习，你便可以从这种“梦境生活”中醒来，并随着真实生活的逐渐展开而参与到其中去。专注的力量会让你意识到你潜意识中的观念和本能，这样你便可以集中你的注意力。在这种全神贯注的状态下，世界纪录会被创造，想象的概念会被形成，你的效率也会达到峰值。练习专注的一个目标就是将你思维中存在的因外在因素而形成的观点和情感清除掉，这样你便可以全力聚焦于 28 天计划中所介绍的表观遗传方面的练习。

如果你不是活在当下时刻，那么你的思想要么处于过去，要么处于未来。也许你会认为这是逃离你所遇到的问题的一种方式，但其实正好相反：专注会帮你更加清楚地看到你自己的问题，这样你便可以解决掉它们。想想那些你所尊敬的富有创造力和效率的人吧。他们所共同拥有的一个特征便是，他们可以抵挡住一切使他们分心的诱惑并全神贯注于手头的任务。

专注练习应该一天做几次，这样你头脑中的一些随意的想法便会逐渐平息下来。这对于让你充满活力、为你创造可持续的自然幸福水平来讲是一种重要的技巧。

美国人经常用来支持他们拒绝进行专注练习的一个借口是他们没有充足的时间。然而，实际上，每天进行专注练习几分钟就可以让你的头脑得到放松，从而令其比你在进行这项练习之前每天在更多的时间里都更具创造力。事实上，专注可以提高你的效率。它同自我催眠以及 28 天计划中提供的任何其他练习一样，都需要你每天的练习。

如果你发现每天从早到晚，你的精力不减反增，那么请你不要感到惊讶。这是因为每天的专注练习帮助你把头脑中的那些消耗你精力的没用的想法和消极的情绪清理掉。或许你会发现进行了10天的专注练习后，你的身体机能运转得更加有效，因为你不再因为焦虑、幻想或郁积的愤懑而耗费精力。在一整天的工作之后，你的头脑仍会保持清醒，注意力也依然会高度集中。

专注的基本要素

你的呼吸是你与专注状态之间的一种联系。当你坐下来并将注意力集中在你的呼吸上时，你会意识到你的思想一开始就很轻易地离开了你的呼吸。当你发现你自己在想呼吸以外的其他事情时，就把你的注意力重新拉回到呼吸上来。你能够将注意力集中在呼吸上的时间越长，你的思维的专注能力就越强。

呼吸是我们生活的节拍器，它会做出反应来平衡我们的身体状况所出现的变化。它为我们的身体设定了节奏，并且处于持续进行之中。因为呼吸总是与你相伴，因此你在任何地点都可以进行专注练习：在不受外界干扰的家里、在户外的自然环境下，甚至在排队等候的时候。呼吸是通往你思维的桥梁。

正常地做几次呼吸。随后的几次呼吸请延长呼气的时间，从而将更多的空气从你的肺中排掉。相应地，你所吸入的气息也将变得更强。请在整个的呼吸过程中注意每次呼吸，包括整个的呼气过程和整个的吸气过程。不要试图控制你的呼吸——意识到它的进行就够了。如果你的呼吸变浅了，那么就让它变浅；如果它变得快了或慢了，就让它快或慢。呼吸自身会进行自我调节的。千万别给它施加压力或试图改变它，但要去感受它并意识到它。

同 情 练 习

在很多哲学中,同情都被认为是一种伟大的美德;同样,在全部主要的宗教传统中,同情也被认为是最伟大的美德之一。基督教圣经的《哥林多后书》(Second Epistle to the Corinthians)只不过是上帝被说成是“同情之父”(“Father of compassion”)和“赐各样安慰的神”(“God of all comfort”)的一个例子而已。

耶稣的生命恰恰向基督徒们展现了同情的本质。基督的例子激励基督徒们放弃他们自己的欲望,并饱含同情心地为别人付出行动。在《圣经》“好撒玛利亚人的比喻”(the Parable of the Good Samaritan)一段中,他向他的追随者们提出了多多做出同情之举的理想。

相比于移情,同情的力量更为强大,他们会激发人们去减轻别人苦难的一种积极的渴望。在社会的大背景下,同情经常成为(尽管并非肯定成为)利他主义表现的关键构成要素。从伦理道德的角度来看,所谓黄金律(Golden Rule)在不同时代的各种表达也都体现了同情的原则,即**对待他人如像你愿他人待你一样**。

同情可以成为能够很快将自然幸福带入到你的生活之中的一种有意识的行为,这是非常可行的。在你的生活中培养同情心的关键在于将它变成你的一个习惯。

在你一天实践一次同情行为并且体验到了情感上的报偿后,你会发现更多的机会。除了发现同情行为会给你带来快乐外,本书中的一些研究还指出,经常实践同情行为的人,会产生比一般人更多的DHEA(一种对抗衰老过程的荷尔蒙)和更少的皮质醇(一种压力荷尔蒙)。

同情心练习

移情练习。培养同情心的第一步是培养对他人的移情。试试这样的做法:想象一下一个你爱的人正遭受身体或精神上的折磨。现在,尽力去想他正在经历的那种痛苦;用你全部的感觉去看、听和感受它。当做这项练习对你变得十分简单时,请把那些与你不是非常亲密的人所遭受的痛苦也包括进来。

一致性练习。别去想你和其他人之间的差异,想想你们之间的共性吧。尽管你们的外表各不相同,但从内心角度来讲,你的需求和欲望是与其他几十亿人相类似的。

确认。选择下面陈述中的一条并将其应用于你的生活中。请在一周内至少一天五次地重复这条陈述。

◇ "同我一样,这个人正在寻求快乐。"

◇ "同我一样,这个人正在努力避免灾祸。"

◇ "同我一样,这个人知道难过、孤独和绝望。"

◇ "同我一样,这个人希望自己拥有同情心。"

减轻苦难的练习。一旦你可以与另外一个人产生移情,并且了解到了他的仁慈和他遭受的苦难,那么下一步你会做的便是想让那个人脱离苦海。而这正是同情心的关键表现。想想如果另外一个人想让你的苦难结束,并且采取行动去达到这样的目的时,你会感觉多么高兴吧。

友善行为的练习。每天都选择一个旨在减轻别人痛苦的很小的举动,比如一个微笑,一句友善的话,为别人跑个腿儿,或者倾听别人的述说。把这变成一项日常的练习。最终,这样的练习会让你知道你一天从早到晚应该做什么以及每天应该做的事。

同情心练习的最后一个阶段是不仅想要减轻那些我们所爱的人的痛苦,甚至还想减轻那些对不起我们的人所遭受的痛苦。在脑袋里想想这样的一个人。他是你的上司、开车时挡了你的路的人,还是你的某位家庭成员?是否有谁曾经因为某件并非因你的错误所致的事情而责怪你?不管怎样，先花几分钟时间思考一下那个人过去的经历。他小的时候受到的是怎样的教育？想象一下那个人当时的心情、头脑所处的状态，以及他在对你做出那样的举动时肯定要经历的情感上的痛苦。要承认他当时所采取的最好办法也只能是那样，正如有时你也会因为自己正处于一段艰难或痛苦时期而对不起别人一样。同情和原谅是自然幸福不可或缺的组成成分。

"agape"式的爱

今天，"爱"这个词被用来传递非常多的主观意思，例如"我爱我的狗""我爱我的车""我爱我的丈夫""我爱土豆泥"等等。但在《新约全书》(New Testament)于古希腊被写就的那段时间里，希腊语中有四个不同的词来表达"爱"的含义，分别是："agape"、"eros"、"philia"和"storgē"。"agape"是《新约全书》中用来代表爱的主要单词。这个词被早期的基督徒用来指代上帝对人类的那种自我牺牲式的爱，是耶稣教给我们的那种爱。代表各种类型的爱的其他希腊语单词还有："eros"，代表一种浪漫或带有肉欲的好莱坞式的爱，这种爱与形势和环境密切相关，能给人带来最大的愉悦。《新约》中没有使用"eros"这个词。"philia"是一种充满友谊的爱，是最好的朋友之间的爱，是蕴涵于与你所喜欢的那些人的伙伴关系中的一种爱。这种爱可能令人愉悦，但却并不可靠，因为它不但会受具体情境的影响，同时也会受到我们以及其他人的主观感受和期望的影响。而不幸的是，我们可能都听说过一段友谊因为时间、空间、言语冲突或对他人行为的解读方式而疏远或中断。"storgē"代表一种家族的爱，它有一种基因上的联系。尽管这种爱可能为人们提供保护，正如那句著名的俗语所说，"血浓于水"，但它也可能因为竞争和相互对立的利益而遭到破坏。

与这三种类型的爱不同，"agape"所代表的爱不受环境或某人主观感受的左右。"agape"所代表的爱之所以可以超越这些因素，是因为它是建立在对于一个决定的承诺的基础之上的。这种爱代表着一种积极为某人寻求幸福的决定。它同膝跳反射不一样,也不是对你所受到的待遇的一种反应,因此这种爱即便在一种没有温馨感的不友善的环境中也会存在。例如,耶稣教导我们要爱我们的敌人就旨在展现基督徒为他人寻求幸福这一承诺的无限性(《路加福音》6:35)。

《新约全书》中到处是说明"agape"式爱的本质的例子和教义,同时也随处可见旨在训练信徒,让他们的心受"agape"式爱的影响的教义。一些可以说明"agape"式爱的积极性的例子包括:

◇ "知道罪恶的人会杀了他的儿子,但也知道没有耶稣我们必定会遭受厄运,上帝还是派他的儿子来到我们之中,表达了他对我们的爱。"(《约翰福音》3:16)

◇ "那些爱耶稣的人会按照耶稣教给他们的去做。"(《约翰福音》14:15,23)

◇ "如果一个人拥有物质资源并且拥有神爱存于心中,那么它的心将会照顾需要他的兄弟。"(《约翰一书》3:17)

"agape"式爱的积极性特质不仅有能力超越环境的束缚,它还会赋予我们激情和友谊。例如,当夫妇二人中的一人在与对方说话或做事时都采用"agape"式爱的方式时,就会创造一种充满关爱的环境,在这种环境下,"eros"和"philia"式的爱也会蓬勃生长! 尽管表现主动的这一方可能会觉得另一方表现得不太友善或有些粗鲁,但他出于"agape"式爱所做出的反应也会防止他们之间其他问题的产生。耶稣教导他的信徒们,如果他们彼此之间体现出"agape"式的爱的话,那么世界会知道他们是他的子民。(《约翰福音》13:35)

放松反应

与你的潜意识进行沟通的最关键一步便是进入一种放松的状态。任何地方的任何人都可以理解和应用由位于波士顿的马萨诸塞综合医院的本森—哈维思维身体医学研究院(Bensen-Harvey Mind-Body Medical Institute)的赫伯特·本森(Herbert Benson)博士所教授的放松反应(Relaxation Response)项目。全国卫生研究院(National Institutes of Health,NIH)已经对这一项目进行了研究并将其作为减压的有效措施而大力推荐。

本森博士和他来自哈佛的研究人员团队在三十多年的时间里对于冥想和放松反应的作用进行了成千上万次的研究。本森曾对一群西藏的僧人们进行了研究,这些僧人们在一个华氏温度只有大约20度(摄氏约为-6.7度。——编者注)的山洞里做冥想修炼,在冥想前,他们的身上会裹上很多被冰水浸过的毛巾。在一部具有里程碑意义的电影中有这样的镜头,僧人们一直做着冥想,直到毛巾由于僧人们体内产生的热量而散发出蒸汽。如果有人还怀疑意识是否真的能让身体产生变化,那么这项初步的研究可以让这种怀疑的声音停止了。(这部电影的DVD光碟在马萨诸塞综合医院的礼品店里有售。)

下面简要地介绍一下本森博士的放松技巧。

> 做几次深呼吸。闭上眼睛。选择一个可以向你自己传递放松和平静的词语。有些人会从祷文里选择某个词。而有些人则会选择像"放松"这样的词。在你保持呼吸的同时慢慢重复这个词。边呼吸边放松。(没错,就这么简单,连远古时期的穴居人都可以做到。)当你睁开眼睛舒展身体时,你会感觉到非常放松,就好像你打了一个非常舒服的长盹一样。你的心灵、身体和精神都感到焕然一新。

自体放松

这一放松过程有时被称为渐进式放松，它被用来将身体和心灵引入到一种完全的放松体验中。

为了体验这一过程，请在绷紧和松弛你身体的每一部分的同时，重复那个词——“放松”。让你自己尽可能保持舒服的状态。你可以坐着，也可以躺下。吸一口空气，将你的肺填充到一个舒适的水平上，然后关注你面前的一个物体。慢慢地呼气。然后再次填充你的肺。在你持续以这种缓慢的方式呼吸的同时，让你的眼睛慢慢地离开它所关注的物体。从脚到头，按照一定的次序放松你全身的所有肌肉。首先，感觉你的脚在放松，然后，再感觉紧张感正从你小腿上的肌肉中离开。继续放松你下半部身体的肌肉。向上移至你的胸部、手臂和颈部。正常来讲，达到完全的放松需要10~20分钟的时间。

最后的几点想法

这些意念与身体练习是得到了大量的研究并被证实非常有效的。你会发现其中有些练习对你非常有效，而另外一些练习在你看来则很不习惯。别强迫自己去做那些你不喜欢的练习。记住：没有什么东西在所有时候对每个人都管用——阿司匹林也做不到。特定的身心干预方法会吸引特定的人群，而同样的这些技巧却会让其他人群感觉难以接受。如果你非常用心地做本书中的这些练习的话，那么它们很可能会使你养成快乐思考、快乐感受以及快乐行事的新习惯。

尽管设计这些练习和28天计划之初都是希望在一个月之后便可以看到明显的效果，但实际上要想看到改进，可能还需要更长的时间。当然，也许从进行这些练习的第一天开始，你的心灵—身体—精神就立即做出了反应。时间上并没有什么限制，我们只是要求你能耐心些，尝试这些练习的各种不同的组合，以便找到那些最适合你的练习。如果能够收到你的反馈，我们会非常感激，这样我们便可以对这个计划进行一些调整。请告诉我哪些练习确实对你很管用，哪些我们还可以做得更好。持续改进这个计划需要你们的帮助。你可以通过 info@ happinessgenes. com 或 Tweet me @ happinessgenes 与我取得联系。

后记　欢迎参加革命

如果你能读到这一部分(或许你可能翻过这一部分先读书的末尾部分),你可能还没有实现你的愿望,但其实你现在已经参加到一场无声的革命之中了。

没错!

别担心。没有什么东西会消亡,除了一些不再正确的陈旧观念外。

我们正在谈论一场进化的革命——生物的、精神的、智力的进化。进化意味着一种逐渐变化的过程。革命则意味着从现状向新的生活方式的一种快速转变。

在过去的五年间,数不清的研究结果加速了人们获取现在才被查明的这一信息的进程。伴随着这一信息而来的是大量的可以扩大我们的知识范围的机会。随着我们找到了运用这种新信息的新方式,我们也可以为我们的后代提供帮助。在人类历史上,有意识进化的入口从未向我们敞开过。

我要感谢那些领导这一进化革命的科学家们。但是你们,我的读者,也发挥着重要的作用:

提出问题。为了你们个人的成长和智力的发展,提出问题要远比回答问题更重要。

开放你们的思想。你们的思想就像一把降落伞,只在它打开的时候才发挥作用。这话听起来有些老生常谈,但却是真理。为了从对我们书中所探讨的这个话题的研究及一些新兴的概念中获益,你不一定非要相信(或不相信)其中的某些观点。然而,你需要让你的思想对一种可能性保持开放,那就是确实存在某些东西可以帮助你过上更加幸福、健康的生活。

寻求真理。无论你读这本书是因为你信奉科学还是因为你追求精神信仰都无关紧要。科学的精神本质和精神信仰的科学都在寻求真理。所谓的天才就是能够让两种看似相互矛盾的概念共存于你的头脑之中,并不因为要做到所谓的“正确”而非要剔除掉其中的一个。

我们真的很希望已经至少回答了一些你所关心的问题。我们承认,表观遗传学是一门非常复杂的学科,在读过本书后,你可能会感到很迷茫。尽管这种感觉很不舒服,但这种迷茫会促使你继续搜寻信息。最终,你或许会发现,你又在更高的层面上对于更重要的事情感到了迷茫。

附录Ⅰ　关于行为科学与表观遗传学的详细介绍

本书与行为遗传学和精神信仰的元素相关。

我们的研究目的是把我们的精神基因与自然幸福联系起来。在这一过程中，我们揭示了妨碍自然幸福并使苦难和暴力成为可能的基因和环境障碍。为了帮助你排除堵在通往自然幸福的旅程上的这些障碍，我们在第九章中提出了一个采用表观遗传学方法的计划。

由于所涉及的元素并不太为人们所熟知，因此附录Ⅰ的目的就是为那些感兴趣的人提供一种更为深入的了解。

遗传学

遗传学是关于身体特点以及为任何有机体提供构造方案的 DNA 所携带的编码的科学。在我们这个星球上，怎样高估其影响力都不为过。每个活着的生物的生命都有赖于 DNA，所有有生命的物种，包括人类，都有共同的 DNA 序列。我们的 DNA 与其他活着的生物的 DNA 之间令人惊讶的相似性表明，追溯所有活着的生物的历史，大家都有一个共同的起源。一个有机体的基因控制着它的外观、它功能的发挥以及它的繁殖方式。由于生物学的所有分支都依赖于基因，因此遗传学是很多其他科学的基础，包括农学和医药学。

基因是在所有活着的有机体（从细菌到人类）的细胞中发现的基本遗

传单位。它们由DNA(一种构成被称为染色体的长的线性结构的分子)片段组成。以编码的形式存在于一个基因的DNA结构中的信息指导着蛋白质的生产,而蛋白质负责执行细胞内所有支持生命的活动。基因表达是与这样一个事实相关联的术语:我们的基因并非所有时刻都处于活跃状态。由于我们体内的每个细胞都含有我们的一整套遗传指令,因此在某个时间只有特定的一些基因处于活跃状态,为各自的组织类型发挥着作用。发挥影响的基因然后会被关闭(不表达),就像你离开房间时要关闭房间里的那盏灯一样。基因表达是受荷尔蒙控制的,荷尔蒙随着血液的流动在体内循环,影响着相应的组织。因此,荷尔蒙的作用就像一个负责全身基因调控的总开关。

在采取有性繁殖方式的有机体中,后代从他们的父母亲那里分别继承一半的基因,然后将这两套基因融合到一起。这产生了新的基因组合,这样每个个体就都具有独特性,但却仍拥有与其父母相同的基因。因此,有性繁殖确保了一个特定物种的基本特征会在各代之间保持大体的相同。然而,DNA的突变不断地上演着。它们会让继承而来的基因发生变化。一些突变可能是中性的或沉默的,不会影响蛋白质的功能。

一种突变对于一个有机体来说可能有益,也可能有害。在整个进化的过程中,这些突变发挥着为有机体提供先前不存在的蛋白质的功能。通过这样的方式,突变成为一种驱动器,它推动了遗传多样化以及新的或更多的能更好地适应各种变化(例如气候变化、食品来源的枯竭、新疾病的出现,以及信仰与行为的改变)的有竞争力的物种的形成。大量研究已经证实,人类基因组仍处于进化之中:一些基因被复制,并且拥有了新的功能,而另外一些基因则丧失了它们的功能。人类基因组的动态性表明,我们的基因同样也处于进化之中。

遗传

目前，关于人类行为和个性特征的可遗传性还缺乏真实的证据。尽管关于这一话题有很多的研究、意见和资料，但最好的证据似乎还是存在于对同卵双胞胎（identical twins）的研究中。如果你与一对儿同卵双胞胎有私人接触，你会发现他们外表非常像，某些行为举止也很像，但他们的性格却不一定相同。许多年以来，为了确定先天因素和后天因素的影响程度，科学家们一直在研究同卵双胞胎。这类研究也包括对一些出生时就被不同家庭收养的同卵双胞胎的分析。戴维·莱肯（David Lykken）近期所做的一项关于得自同卵双胞胎的遗传幸福的研究指出〔这一研究结果发布在他所著的《幸福：关于双胞胎的研究在先天、后天以及幸福的原点方面向我们所展示的》（*Happiness*：*What Studies on Twins Show Us about Nature*，*Nurture*，*and the Happiness Set Point*）〕，大约有60%在出生时就被分开的同卵双胞胎可能会认为他们自己是幸福的。

未来的遗传学研究可能也会为某些特定的人类行为提供遗传倾向。例如，受体中神经传递介质多巴胺的常见变体与一个人喜欢猎奇的特性相关，血清素转运体的一种变体与焦虑相关。

人类个性中最有争议的特征之一是智力的特征，因为关于智力的定义以及如何衡量它，人们莫衷一是。这一感情色彩非常强烈的主题正在引起人们越来越多的兴趣，因为它其中似乎包含着一种非常强大的可遗传成分。目前，还没有具体的DNA变种已经被证实能够影响人的智商。研究人员普遍认为，许多相关的变种未来会被发现。

由基因决定的精神信仰（genetic spirituality）是否存在目前是一个很热的话题，而随着一本叫作《上帝的基因》（*God Gene*）的书的出版所做的铺天盖地般的媒体攻势，这一话题便更如烈火烹油一般。这本书的作者迪恩·

哈默尔(Dean Hamer)采用个性特征测验证明了一种被称作“自我超越”的特征显示出了在家庭成员和双胞胎中的可遗传性。这种特征与信奉某种不能被证实的事物密切相关。一些经验丰富的做调解工作的人身上便显示出了这样的特征。由于个性特征通常都有些可遗传的影响力,因此这项研究结果并没有什么不同寻常的,但哈默尔宣称,一种变种基因,VMAT2,与自我超越方面表现出的高能力密切相关。人类基因组工程的主管弗朗西斯·柯林斯(Francis Collins),在他所著的《上帝的语言》(*Language of God*)一书中陈述道:由于哈默尔的数据既没有得到详细的审查,也没有在科学文献上发表,因此大多数专家对他的书都持严重的怀疑态度。

按照柯林斯的说法,人类的许多行为特征中都有一种不可避免的可遗传成分,但环境尤其是童年时期的经历和自由意志对于我们有着深远的影响。未来的科学家们会发现奠定我们个性基础的那些继承而来的要素的更多细节,但即使那样我们也不应该高估这种可遗传因素的量。

尽管上述观点似乎是当前对遗传学和精神信仰的主流科学立场,但有力的证据显示,纵观整个人类历史,人类一直拥有着精神性的一面,对于神也有着难以遏抑的渴望。事实上,柯林斯这本书的主要目的是想证明神是存在的。对他来讲,我们对神的渴望是不言而喻的,而且我们也都会因为类似做好事这样的精神行为或同情行为而获得情感上的回报。等待发现那些可能对我们的精神信仰有帮助的特定基因或许只是某些科学家们的课题,但现在大多数人都更愿意接受自然幸福。

人类的行为

行为是指一个有机体的行动或反应,通常与环境密切相关。行为可以是有意识的,也可以是下意识的;可以是公开的,也可以是秘密的;可以是自愿的,也可以是非自愿的。人类行为会受到很多因素的影响,例如文化、情感、伦理道德、权力、催眠、受胁迫以及遗传学等等。预测人的行为要远比我们所想象的复杂。行为的预测或改变有着一段相当长的失败史。莎士比亚曾经试图去描写行为的预测和改变,弗洛伊德、荣格以及其他的精神领域专家也曾试图对其进行解释,结果他们都失败了。今天,个人专栏作家纷纷提出了他们对于如何纠正、预测和改变其他人以及自身行为的建议。多如牛毛的自助类图书也在告诉人们如何去做。大量瘦身计划指导人们改变饮食行为。夫妻之间则"坚持不懈"地尝试着去改变对方的行为习惯。宗教的牧师也为人们详细讲述如何做到这样,而耶稣可能是最著名的行为改变的倡导者了。然而,尽管各个领域的人为此付出了这么多的努力,行为遗传学的本质基本上仍不为人所知。

行为是一个人、一个有机体或一个群体对一系列特定的条件状况所做出的反应。举例来说,行为包括一只狗追逐一个球,孩子们用玩具枪假装射击等等。行为也包括你的身体对生理的改变(例如你感觉紧张之时)所做出的反应。行为可以是有意识的、无意识的、本能的、遗传的或因习惯而做出的。行为所涵盖的领域不仅包括身体的表征,也包括我们的情绪和心情。尽管一个行动或一种情绪也是一种行为,但通常没有单独的某件事正好可以解释一种行为。例如,没有单独的某件事可以引发失望或焦虑。就连思考本身也是一种行为,聚焦于知晓事物的那种思考便导致了智慧的产生。

人类基因组工程

2003 年 4 月,由弗朗西斯·柯林斯指导、由众多科学家所组成的一个由公众资助的项目——人类基因组工程确认了在人类细胞内发现的大约25,000个基因的染色体位置和结构。它被认为是现代科学最伟大的一项功绩,也被看作是与人类历史上一些最伟大的探险活动(例如人类登月活动)比肩的成就,但其意义更加重大。人类基因组工程使下列这些遗传应用成为可能：

◇ 药物与基因疗法的开发。

◇ 细菌和病毒的确认从而实现靶向治疗（targeted treatment）。

◇ 对于各种基因所控制的功能以及它们如何被开启和关闭的确认。

◇ 基因疗法。

◇ 对于癌症发病根源的了解。

◇ 基因工程。

◇ 遗传疾病的诊断与治疗。

为了让这项工程更容易被理解，我们可以想象一个拥有25,000本图书的图书馆，这些书里写着构建每个活着的物种的生物计划，以及折磨人类几个世纪的一些疾病的解决方案。然而，你却无法阅读这些书，因为它们是用一种不为人们所知的编码写就的，这些编码由四个字母组成，这些字母以某种神秘的方式重复出现。地球上生命的秘密自打生命开始的那天就被包含在这些书里面。从这个角度来讲，这些书就是拥有造就了你的信息的基因，而这个图书馆就是人类基因组。将这些基因排序意味着要了解构成DNA语言的四个字母的顺序，而这是阅读这个图书馆里的图书的第一步。

美国人类基因组工程正式开启于1990年，美国能源部和全国卫生研究院相互协同工作了13年。该项工程的目标是：

◇ 确认全部大概20,000～25,000个人类基因。

◇ 确定构成人类DNA的30亿个化学碱基对儿的顺序。

◇ 将这些信息存入数据库。

◇ 改良数据分析工具。

◇ 将相关的技术转移给私营部门。

◇ 处理该工程可能带来的道德、法律和社会问题。

透析基因组

基因组是指一个有机体内的全部DNA分子。基因承载着制造所有有机体所需要的所有蛋白质的信息。这些蛋白质决定着有机体的外观、其代谢食物或抵御感染能力的发挥,有时甚至是它的行为,等等。

DNA由四种相似的化学成分(称为碱基,简写成A、T、C和G)组成,它们在整个基因组里被重复上百万次甚至上亿次。例如,人类基因组就有30亿个碱基对儿。

这些A、T、C和G的特定顺序极其重要。它奠定了生命多样性的基础,甚至决定了一个有机体是人类还是另一个物种,比如酵母菌、水稻或果蝇,所有这些物种都有它们自己的基因组,它们也都是基因组工程所关注的。由于所有的有机体都会通过DNA序列的相似性相互关联起来,因此从非人类基因组中获得的结论或见解经常可以催生关于人类生物学的新知识。

行为遗传学

行为遗传学是研究遗传学在行为中所起的作用的生物领域。这一领域是遗传学、动物行为学和心理学的交叉。过去很长时期以来,行为学家就曾研究过行为特征的可遗传性。

弗朗西斯·加尔顿(Francis Galton,1822—1911)爵士是第一个系统地研究遗传与人类行为的科学家。遗传学这一术语直到1909年才出现,仅比加尔顿辞世早两年。不论有没有一个正式的名称,遗传研究的本质一直是生命变种的研究。人类行为遗传学是一个相对较新的领域,它试图弄清楚导致人类行为出现个体差异的遗传和环境因素。由于下面这些原因的存在,这并不是一项简单的任务。

总是很难定义要考察的行为。智力便是一个很好的例子:智力是解决一种特定类型的问题的能力吗？是实现成功的能力吗？是在IQ测试上获得高分的能力吗？在1999年夏末，普林斯顿大学的一位分子生物学家发布了他的一个重要研究的研究成果。在这项研究中，它通过植入一个能为与记忆力相关的脑细胞中的一种蛋白质进行编码的基因而提高了老鼠的学习能力。由于参与实验的动物表现得比一系列传统的学习测试中的对照标准都更为出色，因此出版社甚至给这种基因起了别号，叫“聪明基因”或“IQ基因”，就好像更好的记忆力就是定义智力的核心甚至是唯一标准。事实上，对于智力的定义各方并没有达成一致，即使是在那些以研究它为生的人之间也是这样。

即便是已经为了研究的目的而下了定义，调查人员也必须以合理程度的正确性和可信性来衡量这种行为。但这对于一些基本的个性特征（例如害羞或武断）来讲是非常困难的，而它们恰恰是当前很多研究的对象。有时，定义和衡量方法之间会非常有趣地结合在一起，就像在IQ测验中，测验得分本身既界定着智商这一特征，也是它的衡量方法。这有些像棒球比赛中用安打率来界定击球能力一样。高安打率可以体现能力，但它并没有界定这一特征的本质。

同所有复杂的特征一样，行为与多种基因密切相关，这一现实使得搜寻各种基因影响贡献程度的工作变得非常复杂。

同遗传学领域的许多其他研究一样，基因和行为研究需要对家庭和人口进行分析，以比较那些具备我们所讨论的特征的人和那些不具备这些特征的人。研究的结果通常是对遗传可能性（heritability）的一种陈述。所谓遗传可能性是一个统计学概念，它是对一个群体中因遗传因素而导致的变异水平的估计。然而，这一数字的解释力非常有限，它仅仅适用于被研究的这个群体，也仅仅适用于进行该研究时的环境、地点和时间。如果被研究群体和环境发生了变化，遗传可能性很可能也会发生变化。最重要的是，遗传可能性陈述并没有为预测所讨论的特征在特定个体身上的体现提供任何依据。

下面的研究结果表明,行为是具有生物基础的:

◇ 行为通常是具有物种专属性的。有些行为非常有特点,以致许多生物学家们利用它们来帮助区分关系密切的物种。

◇ 行为通常会遗传。很多行为我们都会在某些有机体的连续几代中看到。(想想边境牧羊犬保持的那种放牧的姿势。)

◇ 行为会随着生物结构和进程的变化而改变。例如,脑伤可能会把一个行为举止文雅、温和的人变以成一个满嘴污言秽语、好争斗的粗人。而通常我们会采用可以改变大脑化学组成的药物来改变其行为表现。

◇ 在人类中,一些行为经常为家族所共有。例如,一些精神疾病有很明显的家族聚集性(familial aggregation)。

◇ 行为是有一个进化史的,这个进化史横跨于相关的物种之间。黑猩猩是与人类亲缘关系最近的物种,它们与人类在DNA序列上的差异仅仅有2%。我们和它们共同拥有许多高度社会化的灵长类动物特有的行为举止,包括养育幼崽、合作、无私甚至是一些面部表情。基因是进化的黏合剂,它把地球35亿年来出现的所有生物联系在一起。保存下来的行为构成了这一历史的一部分,而这段历史是用自然界通用的信息分子的语言——DNA写就的。

基因如何影响行为

行为遗传学的传统研究策略包括对双胞胎和被收养者的研究以及被设计用来区分生物影响与环境影响的技巧。而近年来,调查人员将对与特定行为相关联的DNA片段的搜寻也加入到这一策略中,对于确定与某些主要的精神疾病(例如精神分裂症和躁郁症)相关联的基因的可能位置,这是目前最有效的一种的方法。然而,目前为止还没有取得什么重大的突破,遗传学家们还无法清楚地确定哪些基因与哪些疾病相关联。而搜寻那些与性格特征(例如性倾向和基本个性)相关的基因的工作就更令人失望了。

一般来讲,确定染色体病和单基因病的生理诱因要比确定一些常见的复杂行为(而这才是能引起专家和非专家极大兴趣的领域)的生理诱因容易些。因此,在这两者之间,前者属于我们在拥有更多信息的基础上对人类行为的理解有更多把握的领域。与之相对的是那些极难明确界定的个性特征。而居于这两者之间的则是像精神分裂症和躁郁症这类的器质性疾病,它们产生的生物根源是不可否认的,但至今却无人知晓,而它们不可预知的发病一方面提醒了我们的无知,另一方面也向我们昭示了环境因素的重要性。

行为遗传学领域的研究人员坚持认为,大量的身体行为都有遗传基础,包括同性行为、攻击行为、冲动行为、养育行为以及信奉神灵的行为。科学界和普通大众对于基因与行为之间关系越来越多的关注也推动了行为基因决定论(behavioral genetic determinism)的再次盛行——这种论断认为遗传学是决定行为的主要因素。

没有哪种行为是由单独的一个基因所决定的。行为举止属于牵涉到多种多样基因的复杂特征,而这些基因又会受到大量其他因素的影响。这一事实在媒体报道中经常被忽视,这些报道只顾大肆宣传在基因功能方面所取得的重大突破,不幸的是,这经常会对公众产生误导。例如,1999 年发布的一项研究宣称,老鼠身上的某种特定基因的过度表达会导致学习能力的提高。该报道将这一基因称为“学习基因”或“聪明基因”。但该报道却并没有提及在这项研究中所观察到的学习能力的提高其实是短期的,在某些情况下仅仅能持续几小时到几天的时间。

将一种基因称为“聪明基因”给公众造成了一种错误的印象，让他们误以为科学家们已经对一些复杂行为特征（例如智力）的遗传根源有了很深入的了解。一旦所谓“聪明基因”的新闻到达了公众那里，便会突然引发关于订造婴儿（designer baby）和基因工程胚胎可能拥有智力以及其他人们所希望的特征的议论，而实际上，基因—蛋白质—特定特征的形成这条路径目前其实依旧是一个未解之谜。

对于疾病、行为举止以及任何身体特征来讲，并不能只用基因来解释，因为各种遗传和环境因素也会对这些特征的形成起到一定的作用。拥有一种基因变体并不一定意味着某一特定的特征会形成：某些遗传因素的存在可能会强化也可能会抑制其他遗传因素发挥作用；基因有时打开有时关闭，而其他因素可能会阻碍某个基因被打开。而且，基因编码的蛋白质是可以被调整的，而这种调整可能会影响到它发挥正常的细胞功能的能力。

我们可以用“激动人心”和“充满争议”来描述人类行为遗传学的特征。相比任何其他科学分支，它为近年来媒体脱离实际的夸张宣传提供了更多的素材。大量新闻报道频繁宣传，研究人员们已经发现了诸如攻击性、智力、犯罪行为、同性恋行为以及女性直觉等特征的基因。这类报告通常暗示人们，一个基因与某些行为特征或疾病之间存在着直接的关系。然而，正如我们所讨论过的，实际情况是，大多数的人类行为都不是只受一种基因管控的。

遗传因素和环境因素都会对人的行为产生影响的观点与达尔文的自然选择学说是相互兼容的，因此它也将人类行为与进化过程联系起来。然而，行为遗传学与进化心理学的研究领域是不同的，因为它的关注焦点放在了受遗传因素影响的个体差异上，而不是一个物种的共同行为。

各物种的基因组之间差异很小。例如，老鼠的基因组与人类基因组几乎完全一样，人类的基因序列与黑猩猩的基因序列相似性达99.4%。差异主要体现在基因的活性水平上。例如,人体内影响大脑功能的基因要比黑猩猩体内影响大脑功能的基因的活性更高。这种差异足可以解释人类与黑猩猩之间在外表和行为举止方面的重大差异。关于为什么不同物种的基因组之间有如此多的共性有一种有趣的解释:科学家们主张,所有的物种都起源于亿万年前存在的一种简单的有机体。后来的物种像从一棵树的树干分出的枝杈一样逐渐从最初的物种中分离出来。在每个物种中,它先前物种的DNA都会保留下来一些。这个变化的过程被称为进化。导致新物种出现的方式包括突变、自然选择和基因漂变。突变是一个基因的DNA所发生的一种改变,它能够使由那个基因编码的遗传信息发生变化。突变可以在一个生物生命中任何时候的任何细胞内的一个基因的任何部分发生。例如,辐射、营养不良、衰老以及细胞所受的物理创伤都会引发突变。但大多数的突变还是由细胞在复制过程中所引入的一些简单的错误造成的。

行为是由身体(尤其是神经系统、大脑、脊椎和神经网络,信息通过它们以电或化学的形式在全身传递)的各个细胞内部所进行的遗传编码所导致的。简单地讲,行为是由许许多多受环境因素和表观遗传因素所迫而采取行动的基因正在进行的各种各样的活动所导致的。血型、一些代谢过程以及一些身体特征都是由某个单独基因的行为所决定的。而大多数身体特征和条件,例如身高、体重、血压以及消化活动等,则是由许多在活性上存在差异(取决于所处环境)的基因共同决定的。而这也同样适用于所有复杂的行为举止:每个行为都会受到与多种环境因素发生作用的许多基因的影响。比较流行的观点是,一个基因控制着一个行为特征,但主张一个有机体的形成是由遗传因素单独决定的观点则是错误的;科学家们只不过是刚刚开始探索遗传学、环境与人类习惯、倾向和嗜好之间的复杂关系。

进化心理学

行为遗传学研究的另一种方法主张,可以从进化的角度来更好地了解心理学。具体来讲,进化心理学主张大脑中包括许多通过自然选择所形成的作用机理,它们被称作心理适应(psychological adaptation)或进化的心理机制(evolved psychological mechanism,EPM)。一些不存在争议的关于EPM的例子包括视力、听力、记忆力、肌肉运动控制(motor control)以及三维认知(spatial cognition)等等,大部分的进化心理学家认为EPM在一个物种中是普遍存在的,除了那些专属于特定性别或年龄的以外。

有种观点认为,有机体是由很多发挥着不同功能的部分所组成的,换句话说,生物从某种意义上来讲就是机器。这种观点可以至少追溯到亚里士多德时期,它成为现代医学和生物学的基础。

威廉·佩利(William Paley)在许多其他人研究的基础上,提出了令人信服的主张:有机体是被设计用来在特定的环境下发挥职能的机器。佩利认为,这一"设计"的证据也证明了设计者——上帝的存在。佩利的有机体是根据特定环境而被设计的论断似乎也给达尔文留下了深刻的印象。

进化心理学是建立在这样的假设基础上的,即认知力也具备同心、肺、肝、肾和免疫系统相类似的那样一个拥有遗传基础的功能结构,从而通过自然选择实现了进化。同其他器官和组织一样,该功能结构应该是为一个物种所共有的,应该解决生存和繁殖方面的重要问题。进化心理学家试图通过了解认知过程在整个进化过程中所可能发挥的生存和繁殖功能来了解这一过程本身。这一观点的正确性尽管未得到证明,但却是合理的,而且与进化是上帝的规划的思想也是统一的。

社会生物学

近几十年来,遗传学的另外一个分支似乎正在对这样一种理论进行研究,即不仅仅是身体特征可以遗传,就连行为本身也可以遗传。行为遗传学家们已经对基因影响行为的方式进行了研究,随后,又对生物学在社会行为中的作用进行了探索。这一调查领域被称为社会生物学,它是随着美国进化生物学家爱德华·O. 威尔逊(Edward O. Wilson)所撰写的一本著作《社会生物学:新的综合》(*Sociobiology: The New Synthesis*)的出版而于1975年被开创的。在这本书里,威尔逊认为,动物和人类行为在很大程度上是受基因影响的,同时它们也受制于自然选择。

社会生物学家也研究了被称作"利他"(意指无私或对其他人的关心)的动物行为。例如,当鸟类在地面上进食时,其中一只可能会注意到一个猎食者,它会发出警报声,这样,它就把猎食者的注意力吸引到它自己身上。这样的行为似乎向自然选择规律发出了挑战,但实际上,鸟类的基因是针对这样的行为进行了设计的。再来看看工蜂。尽管它们负有寻找食物、划定领地、照顾幼蜂的责任,但它们却不能生育。也许有人会感到奇怪,自然选择青睐的是那些具有最高繁殖成功率的个体,而一个不具备繁殖能力的工蜂为什么会把它自己的一生奉献给别人呢?科学家们现在意识到,一些社会性昆虫(例如蜜蜂、黄蜂和蚂蚁)中不具备繁殖能力的"工人"(工蜂或工蚁)们要比其他一些有机体中的"工人"们在基因上彼此关系更为密切。因此,通过保护或养育它们的姐妹,工蜂会比由它们亲自来繁殖保留更多它们自己的基因。因此,这种利他行为便通过自然选择进化而成。其他有关动物行为的例子,包括对猿和黑猩猩的大量研究,也都表现出了类似的利他行为。

虽然对于人类所做的类似研究仍在进行中,但其中的一些已经表明,我们会得出与动物研究相似的结论。尽管这依然有待证实,但认为人类的利他行为(很可能是我们的精神基因的组成部分)是自然选择的结果,因此它也是为了物种的生存所做的一个设计的主张,是非常有道理的。

社会生物学经常被认为是生物学和社会学这两门学科的一个分支,但实际上它运用了来自大量学科的技巧,包括进化动物学(evolution zoology)、考古人口遗传学(archeology population genetics)及许多其他学科。在对人类社会进行研究这一领域的内部,社会生物学与人类生态学和进化心理学的研究领域是密切相关的。社会生物学曾经遭受过非常严厉的批评,因为它主张(却没有提供很多证据)基因对于人类的行为起着决定性作用,并暗示要想摆脱一些事情(比如人类的攻击性行为),我们几乎是无能为力的。社会生物学家们认为动物或人类的行为是不可能完全用文化或环境因素来给出令人满意的解释的,而这种观点又支持了人类的精神行为也具有遗传特点的主张。他们建议,为了全面理解行为,在对它的分析过程中必须加入对进化起源的关注。根据达尔文的自然选择理论,让一个有机体具有更大的生存或繁殖机会的遗传行为机制将更有可能在当前的有机体中留存下来。

可以这样讲,具有保护性质的精神行为迟早会逐渐发展起来,因为它可以帮助物种存活下来。这些物种中没有显现出这种保护性行为的那些个体最终会走向灭亡。这样来看,精神行为可能是以一种同其他类型的非行为适应(non-behavioral adaption)相类似的方式逐渐进化而来的。

行为遗传学和精神信仰

不同的人预测行为遗传学的前景、对行为遗传学进行解释会得出不同的结论。这一充满争议的领域目前尚处于其发展的初始阶段,它还有很长的路要走。顺利的话,人类基因组工程将会刺激大量研究的开展,向我们提供关于我们如何行事、如何思考、如何感受的答案,以及治疗疾病和提高生活质量的方法。

但目前,我们所能做的就是推断出普遍存在的人类精神活动的诱因以及它能带来哪些好处。因为我们人类拥有精神性,而且我们在今天依然存在。所以我们有理由假定,精神活动是一种对生存有积极作用的行为模式。我们也可以看到在不同的环境下,精神活动的利他部分并不总是会得到实践,例如当我们身处与其他竞争者对同一资源或同一职位的竞争中时。但当环境发生改变,竞争状况被化解时,利他主义又会重新浮出水面,至少在一些常见的文化中是这种情况。

在那些将每日的生存作为最高追求的年代里,伦理道德并不为人们所重视。随着人类自觉意识的形成以及农业赋予人类更多的资源,人类可以更加自由地表达出他们对于爱与同情的天生倾向。从长期的角度来看,可以想象,按照由我们的精神基因所指引的人道主义伦理道德观生活,可能是人类能够最终存活下来的唯一方式。但同时,进化相对较慢的速度与我们所处环境较快的变化很可能不同步,而且我们带有遗传性质的精神行为将不能对孕育着暴力的人类本能和基因构成限制——直到精神性发展成为具有较高的遗传优先级,或者我们能够通过新的科学(如表观遗传学)加速其发展之时。

表观遗传学

对于决定我们是谁以及我们将变成什么样子,到底哪个因素更重要些,是我们的基因还是我们所处的环境?若干世纪以来,人们一直在争论着是先天还是后天因素决定着我们的外表和行为。现在,一个被称作表观遗传学的领域向我们表明其实我们不能将它们分割开来。杜克大学放射肿瘤学系的一位遗传研究人员兰迪·杰特尔(Randy Jirtle)博士指出:“我们不再争论遗传和环境到底谁对于人类的健康和发展会产生更大的影响,因为它们之间有着剪不断的联系。”杰特尔最近联合主持了一项表观遗传学的研讨会,该会议是由杜克大学和NIH的全国环境卫生科学研究院(National Institute of Environmental Health Sciences, NIEHS)共同发起的。

你的身体通过“阅读”基因,并遵从它们的指令从而令你成为你现在的样子。表观遗传学研究的正是那些能在不改变遗传编码本身的条件下改变阅读基因方式的因素。按照杰特尔的观点,环境中的营养成分、有毒成分及其他东西都可以引起这类表观遗传性质的改变。例如,这些因素也是拥有相同基因的同卵双胞胎可能存在很大差异的原因之一。

表观遗传因素的效应可以持续很长时间。孕妇怀孕时期营养条件比较差也可能影响表观遗传因素的改变,从而增大孩子日后染上许多疾病的风险。位于俄勒冈州波特兰的俄勒冈健康与科学大学(Oregon Health and Sciences University)的戴维·巴克(David Barker)博士说:“全世界范围内的研究已经证明,出生时体重过低的人未来患冠状动脉心脏病、中风、Ⅱ型糖尿病、高血压、骨质疏松的概率要比其他人大得多。”

研究显示,这些表观遗传因素的改变甚至可以被传递到下一代。科学家们目前正在查明,环境因素究竟是以怎样的方式带来这些持久的改变的。使基因发生变化的一种重要方式就是通过所谓的“甲基化作用”。“甲基化作用”是指以化学方式将一个甲基附着于一个基因之上。NIEHS的一名项目管理人员同时也是该会议的组织者之一弗雷德里克·泰森(Frederick Tyson)解释说:“甲基的添加会使基因‘沉默下来’……”换句话说,当一个基因有甲基附着于其上时,你的身体便无法再阅读它,即使其遗传编码并没有发生一点改变。

NIEHS的研究项目目前将目标定在更多地去了解有关环境因素如何影响基因以及患病风险方面的信息。调查人员正在考察环境中的诸多物质，包括杀虫剂和重金属，以确认哪些可以使基因发生变化以及它们正在令哪些基因发生变化。2009 年 5 月，食品及药品管理局（Food and Drug Administration）批准了一种药品，它可以对甲基化作用产生影响从而治疗一种可以导致白血病的罕见的骨髓疾病。随着研究人员对于遗传和环境因素是如何相互作用的有了更多的了解，他们将能够开发出疾病防治的新方法。表观遗传身心干预方法也能够在更加个性化的基础上被用于关闭那些与消极想法和本能相关联的基因。我们书中第 9 章所介绍的 28 天自然幸福计划就采用了这种表观遗传方法。

是非观与我们的精神基因

是非观是指当我们所做的事情违背了我们内心的道德准则时，能够导致我们产生一种愧疚感的道德能力。这种感觉会令我们检省我们的良心，重新审视那些道德准则，或许还会让我们下决心不再做出同样的行为。认为我们的是非观是我们精神基因的一种表达是很有道理的，它是让我们遵从好的准则、避免不良准则的一种基本的带有精神因素的遗传指令。这一概念与我们先前介绍过的进化心理学和社会生物学的遗传行为机理是相通的。还有什么可能比以一种好的（博爱的）方式来行事会更有益于我们的社会行为呢？然而，尽管遗传机理要求遵循好的道德准则、避免不良道德准则，但在道德规范外，什么是好的，什么是不好的则会受到我们的生活经历、环境、文化以及其他因素的影响。由于不同的人所持的信仰和观点不同，是非观可以促使他们走向不同的方向。这表明，尽管拥有是非观的能力可能是由遗传因素决定的，但其具体表现则是通过学习得来的或是受外界影响的。例如，一个人可能觉得参加战争是一种道义上的责任，而另外一个人则可能认为在任何情况下避免战争的爆发都是一种道义上的责任。

在大多数的宗教中，是非观是人们借以判断他要做、正在做或已经做过的某一具体行为是否合乎道义的标准。许多持不同意见的宗教人士宣称，凭良心做事是神赋予我们的权利。例如，马丁·路德对某些教旨和信条很不以为然，他说："我身处其中，别无选择。"教会最终与他达成妥协，说道："为了做出符合道义的决定，人们有权凭自己的是非观自由行事。其他人不应逼迫他们违背是非观做事，也不能妨碍他们凭是非观做事，尤其是在涉及宗教事务时。"许多宗教认为凭是非观做事同服从掌权者（human authority）一样重要，甚至更重要。这有时会导致人们陷入道德困境："我是该服从于我的精神信仰，还是服从于教会（军队或政治）领导者，抑或是依照我自己的是非观行事呢？"

由于我们的精神信仰是具有遗传性质的，就像我们对于神的信仰一样，因此它似乎是最高的伦理道德，其重要性要高于掌权者。而至于是服从于掌权者还是自己的是非观，那就依个人情况而定了。

遗传优先级

我们的行为会受到基因和本能的很大影响，它们是决定我们行为的首要因素，而这也是一个有生命的有机体在采取某一特定行为时固有的倾向。一般来讲，本能是继承得来的对于某些特定的刺激或生理需求的反应或应对方式。我们在人类的很多行为中都可以观察到本能的存在，例如在情感、性冲动以及其他身体功能中，而这些基本上都是受生理因素控制的。本能会提供给有机体一种对外部刺激的反应，而这会令有机体采取相应的行动，除非智力或信仰方面的因素不允许他这样做。人类的本能是有一个优先级的排序的，这取决于我们的生理需求，比如生存需求、安全需求以及生育需求。

例如，环境的改变和主观感受的改变一道可以决定生存是否成为一个问题。如果环境的改变让你觉得你的生理需求（比如生存需求）受到了威胁,那么这种主观感受很自然地就会成为决定你的行为的首要因素。影响行为的因素是一系列的,具有最高优先级的因素得到满足后,次高优先级的因素才会顶替它的位置成为最高优先级因素,依此类推。例如,安全需求这一次优先级需求要想成为激励因素,身体存活需求(食物、水、睡眠等等)必须先于它得到满足。这些由本能决定的优先级排序在很大程度上解释了不同时代的人的行为。例如,我们史前的祖先所生存的环境要求他们只能把存活下来作为全力以赴的目标,因此其他的需求都无法显现出来。后来,当农业逐渐形成后,食物的供给变得可以预测了,因此下一优先级的需求——安全需求便成为了首要问题。而随着人类组成了社群,人们对受到保护这一问题的关注度也变小了,他们的注意力又继而转向了自我改造(self - transformation)。人类的精神信仰通过对于掌控着同情、诚实及正义等伦理道德观的神和恶有恶报的是非观的笃信而表现出来。

生物是否一定会表现出本能来?这个问题尚存争议。尽管本能是一种看似自然产生或伴随着遗传一起产生的东西,但起主要作用的其实是条件作用(general conditioning)和生物所处的环境。基本上讲,本能发生在人进行思维之前,而直觉则横跨整个思维过程。

亚拉伯罕·马斯洛(Abraham Maslow)于20世纪40—50年代的美国开发出了需求层级模型,而他的理论在今天对于理解人类的行为动机依然有效;他的模型中所给出的层级是描述人类本能的另一种方式。然而,即便是当我们具有最高优先级的生存本能遭受威胁时,我们依然会通过向神祈求帮助表达出我们精神性的一面。一句非常有名的俗语非常恰当地概括了人神之间的这种关系:“散兵坑里没有无神论者。”

遗传优先级排序

通常,具有较高优先级的需求得到满足后,下一优先级的需求才能得到表达。优先级的确定取决于主观感受,强大的信念是可以凌驾于任何本能之上的,例如,自杀式炸弹袭击就属于这种情况。

1. 生存需求。为使物种存活和繁衍下去而产生的对空气、食物、睡眠、性的需求及其他生理需求。

2. 安全需求。当生存需求得到满足后,安全需求便开始起主导作用,例如寻求安全的环境、稳定性、权力和保护等等。

3. 归属需求。当生存需求和安全需求基本上得到满足后,归属需求便被激活了。这种需求与其他个人和群体相关,例如朋友、爱人、配偶、孩子、社群以及教会等等。

4. 自我实现需求。当基本的生理需求得到满足后,自我实现需求随即被激活。自我实现大体上意味要成为你有可能成为并且希望成为的任何样子。物质层面的自我实现包括这样一些感觉:信心、能力、成就、权力、名誉、独立性以及自由。随着个人逐渐变得成熟起来,爱、同情、服务和希望这些精神上的自我实现会给人带来更多情感上的回报。对于精神信仰的渴望也可能会受到某些基因突变的影响。

5. 自我超越需求。当精神层面的自我实现取得了足够大的进展后,通向自我超越这一目标的道路便没有什么障碍了。自我超越是指一个超越了自我而达到一种与世界统一的境界。在这种状态下,普济人生的慈悲心会油然而生,与造物主之间交流的高峰体验(peak experience)会带来阵阵陶醉与愉悦的时刻。也许你会感到很奇怪:遗传基因设定好让人类逐步去体验前面提到的这些以自我为基础的需求,仅仅是为了最终倒转我们的方向,让我们做好准备去超越我们自身个体以达到与世界的统一。尽管这种行为改变看似不太符合逻辑,但通过精神层面的表达会带来情感上的回报这一证据,我们知道人类就是这样被设计的。

自我超越的特征包括:

◇ 不附带任何条件的慈悲心。

◇ 不附带任何条件的爱。

◇ 内心的宁静、不受任何已知或未知事物的威胁和困扰。

◇ 一种与世界统一一致的感觉。

◇ 超脱于物欲之外。

◇ 活在当下。

◇ 高峰体验——陶醉、喜爱和愉悦的感觉。

◇ 宇宙和它所包括的一切事物达到统一。

精神依托与邪恶

每天,新闻报道都会提到世界各地所发生的一些令人感到恐怖、难过或非常不安的事件。我们不明白为什么这样的事情会发生。是人性本身使然吗?是邪恶的力量在起作用吗?

要想理解为什么邪恶会存在,我们需要知道什么是邪恶。大多数的辞典所给出的"邪恶"的同义词都是"道德上出现问题"、"造成很大的伤害"、"恶事"、"罪行""恶行"等等。下面是一些对邪恶最为常见的定义:

1. 本质上善良正直的人所犯下的错误。

2. 我们罪孽本质的自然反应。

3. 魔鬼引诱一些意志薄弱的人的结果。

4. 一种错觉。

5. 我们过去的生活所犯下的错误。

6. 根本不存在的。

7. 无神论的证据。

对于犹太教来说,他们信奉第 1 种观点:邪恶大体上来讲是一种由那些被赋予了自由而在善恶之间、生死之间以及赐福与诅咒之间进行选择但却很悲剧地做出了不明智选择的人所犯下的错误。

对于基督教、伊斯兰教以及琐罗亚斯德教来说，他们主要信奉第1、第2和第3种观点：人们罪恶的本质是基督死去的原因，而基督的死去也为人类的罪孽赎了罪，这对于拯救基督徒是非常关键的。对于穆斯林来说，他们主要信奉第1和第2种观点：人类本质是好的，但同时也是很自傲的，他们很容易受到魔鬼的引诱而忘记他们正义的立场。对于印度教和佛教来说，他们信奉第4、第5和第6种观点：邪恶不过是我们所怀有的诸多错觉中的一种，而之所以如此是因为我们对于精神层面的东西知之甚少。无神论者通常持第7种观点；实际上，对于许多人来讲，世界上有邪恶东西的存在是他们不相信神的存在或不信仰任何宗教的主要原因。

信奉多神的宗教（例如印度教）这样解释邪恶的由来：邪恶来自于那些不好的神，仁爱则来自于那些好的神。而信仰一神的宗教在解释这个问题时，就必须注意到不能让邪恶的存在使人们不再信仰那个无量慈悲的万能的神。因为如果神可以清除邪恶，但却不愿意这样做的话，他就不是无量慈悲的。而如果他愿意清除邪恶，但却不能够做到的话，他就不是万能的。所以信仰一神的宗教对这一问题的共同应对办法便是宣称，邪恶不是来自于神，而是来自于神所创造的生物所做出的选择和行为。

在现代遗传科学出现之前，人们所拥有的知识并不足以为邪恶提供一个客观合理的解释。因此，过去对于邪恶的那些解释从其源头上来讲都是带有主观偏见的——通常依不同的宗教而定。

精神程序所处环境的改变

从遗传优先级的角度来看，邪恶的行为及其诱因与遗传优先级和当前的个人所处的环境有很大的关系。在某些环境下，例如，当你背靠着墙、受到威胁的时候，即便是一个道德境界非常高的人也会做出比较暴力的反应，这是一种生理和心理的本能。杀人这种行为——除了出于自卫目的以外——几乎是受到所有宗教和绝大多数人的谴责的。然而，在战争时期（无论引发战争的原因是什么），杀人不仅被人们所宽恕，而且在很多情况下还会因为其“正义性”而得到赞颂。有些教会的教义鼓励人们去对他们罪恶的本质进行忏悔，但事实却是人并不应对其本质负责，因为本质是他最原始“装备”的一部分，对于他的DNA来讲是不可或缺的。

古时候，人们为了生存，只能把相互争斗放在首位，而把人类的伦理道德丢在一边。事实上，人们极少考虑伦理道德，甚至不知其为何物。即使是在时间较为接近现代的一些作品中，例如《旧约》，人类依旧一如既往地为了一己私利而拒绝接受上帝所教导他们的方式。在现代，随着生存和安全越来越不成为一个问题，人们完全可以拥有更好的伦理道理。在当前的环境下，更多的资源与教育的结合已经让人们拥有了更多表达精神层面元素的自由。

虽然我们的精神性在进化、精神层面的元素也被更多地表达出来，但环境的变化却更快。由于行为是遗传因素与环境因素共同作用所产生的结果，因此当环境变得充满敌意时，暴力便随之产生。例如，当某一个体认为他的安全性受到威胁时，暴力便会导致冲突的产生，甚至会升级为战争。换句话说，当人们觉得他们所处的环境发生了变化时，就会重新回复到那些具有高优先级的本能上。

在当今世界，暴力和非正义似乎是源自遭受危害的个人、群体和国家对于自身安全的担忧。例如，当一国的利益看似要对另一国的安全构成威胁时，具有较高优先级的那些遗传需求便被激活了。要想保持和平，唯一现实的解决办法就是增加统一性和同情心这样的道德观的精神表达。实现这样的愿景似乎还有很长一段路要走，然而在一些不友好的环境下出现的一些同情行为提示我们，这种愿景还是可以实现的。

本书的立场是,我们的造物主对于进化的设计包括如下设计理念:

◇ 人类并非天性本恶(因为那并不符合我们仁慈的造物主的一贯做法)。准确地说,其实我们的造物主在进行进化设计时,是赋予了人类适应环境变化的能力的。由于环境的变化速度超过了进化过程所能适应这种变化的速度,因此本能就显得有些滞后了。

◇ 人类生来就都具有相同的对于生存、安全、爱和相互联系、自我实现以及自我超越的需求。这些本能表达的优先级排序是由我们所处的环境和我们的信仰所决定的。

◇ 邪恶的行为是指其他人感觉可能会给他的权利带来损害的行为。

◇ 仅仅当作恶者知道他的行为是恶行还有意为之时,他才能被称作邪恶。

◇ 对于神的旨意的对立解释会导致恶行与暴力。

◇ 相互冲突的宗教信仰长期以来一直都是恶行的根源。

◇ 环境的改变会使人们本能的优先级排序发生改变,而这经常会导致恶行的发生。

◇ 所有正常人的行为都不是预先考虑好的,而是针对他们的遗传设计和他们所处的环境所做出的反应。

◇ 仁爱的道德观,例如爱、同情心和服务意识等等,都是我们精神基因的一种表达。

◇ 所有人类行为的终极目标都是获取情感上的回报和避免痛苦。

◇ 我们的造物主设计了我们的遗传行为并用良好的情感来激励我们。

◇ 由于基因突变和基因功能异常,独特的行为总是存在的。

结论

如果我们果真被赋予了精神基因,而且这些精神基因可以鼓励我们信仰一种超自然的力量和精神道德观,那么为什么邪恶和暴力还会在这个世界上持续存在呢?许多世纪以来,众多不同类型的神学家、思想家、活动家以及当权者都曾经致力于这一问题的解答,然而却都没有给出一个能够经得起时间验证的答案。

那么,是不是这样的:在精神世界里之所以存在邪恶是人类本能的优先级排序的结果?

附录Ⅱ　自我催眠诱导

将下面的文字录下来，然后重放给自己听，以便让你自己放松从而进入一种催眠的状态。为了自我催眠，请把这些指导看成是你自己在同你讲话。（括号里的文字不要读出来。）

找一个不会被人打搅到的地方，让你自己处于一个比较舒服的坐姿。

闭上眼睛然后做第10章中做过的练习专注力的呼吸练习。把注意力放在你的呼吸上。感受你的气息从你的左鼻孔流进，然后从你的右鼻孔流出。正常地呼吸，知觉你的气息。

◇　吸气，吸完时数1；然后呼气，呼完时数2。（等2秒）

◇　吸气，吸完时数3；然后呼气，呼完时数4。（等2秒）

◇　吸气，吸完时数5；然后呼气，呼完时数6。（等2秒）

◇　吸气，吸完时数7；然后呼气，呼完时数8。（等2秒）

◇　吸气，吸完时数9；然后呼气，呼完时数10。（等2秒）

在你重复这一呼吸练习时我们将停下来。（停15秒）

现在停止数数，把注意力放在我的话上，而你则继续有节奏地呼吸。

让你的身体释放掉一切紧张，然后想象这些紧张感正随着你关注身体的每个部分而逐渐消散掉。

◇　让你的脚和踝放松，并注意它们的反应。（等2秒）

◇　想象你的腿完全得到放松。（等2秒）

◇ 现在，去感受这种紧张感于体内逐渐消散，并从臀部排出。（等2秒）

◇ 当你感到你的腹部也得到放松时，去体会这种紧张感在你上身中的消散。

◇ 现在，去感受一种柔和从你的腹部向上流动到你的胸部。放松。（等2秒）

◇ 现在，去感受你的胳膊在放松并变得柔软。（等2秒）

◇ 最后，想象一下你所有的紧张感正从你的脖子散出体外，这样，你的整个身体便得到了放松，所有的压力和紧张感都释放出去。你现在处于一种深度的放松状态。（等3秒）

过一会儿，你要从5往回数数，并想象你最喜欢的地方。任何美丽并且私密的地方都可以想，只要你在那里能感到放松和宁静。（等3秒）

它可能是在一个非常漂亮的花园里，在那里你可以闻到阵阵怡人的芳香随轻风飘荡，同时你也可以感受到阳光所带来的温度以及与美丽的大自然独处的意境。（等3秒）

它也可以是在一个沙滩上，那里有蓝色的海浪扑打岸边，还有鹬时不时跑着避开冲上沙滩的海水。你可以闻到海水的气味和声音，并感受到脚趾间的沙子。（等2秒）

现在，我们开始回数至你最喜欢的地方。

◇ 5——进一步地放松。

◇ 4——你会感觉到更加宁静。

◇ 3——去感受你有多舒服，很快你就会来到你最喜欢的地方。

◇ 2——你的呼吸是有规律的。

◇ 1——你几乎已经到达那里了。

◇ 0——太好了，你已经到了。（等2秒）

来到你最喜欢的地方你太高兴了，在那里，你非常放松，整个世界都没有你担心的事情了。花些时间用你全部的感觉充分想象你最喜欢的地方。你可能会听到些声音，闻到些气味，甚至想象出一种你最喜欢的味道。（等5秒）

请听我的话并且相信我们将要给你提出的建议会让你活得更加快乐和健康，而你会更好地享受生活。你不需要太多的努力就可以做到这些暗示所要求的。

◇ 想象一下你现在的实利主义行为习惯都有哪些不好的地方。（等2秒）

◇ 看看它们是怎样让你感到有压力并威胁到你的健康。（等2秒）

◇ 想象一下你自私的态度会让别人怎么看你。（等2秒）

◇ 想象一下当某一天你脑子里全是一些消极的想法时，度过那一天耗费了你多少的精力。（等2秒）

◇ 你感到无力去控制那些孳生压力的随机想法。（等2秒）

◇ 现在想象一下拥有一个平静的思维会让你有怎样的感觉。（等2秒）

◇ 想象一下你正感觉到越来越健康，越来越有活力。（等2秒）

◇ 想象一下你能够忍受那些以前你无法忍受的环境。（等2秒）

◇ 想象一下你的人际关系将变得更好。（等2秒）

◇ 想象一下对别人充满同情心的感觉有多么好。（等2秒）

你的一些消极想法以及争夺资源的做法会使你处于焦虑状态也会使你产生压力，这都会对你的健康产生消极的影响，因此你肯定想把这些不良的习惯改掉，然而你却无法改掉。你认为你无法改掉你的这些不良习惯的原因在于它们根植于你的基因及你童年的环境之中。但现在，你相信，通过表达精神行为，你会成为一个充满爱心和同情心的人。

现在,把当前的你想象成投射在一个屏幕上的没有爱心的人的黑色轮廓。

现在,把新的你想象成一个叠加在这个黑色轮廓上的充满爱心的白色轮廓。

想象这个新的白色轮廓变得越来越大,直到它将大部分的黑色轮廓都覆盖上。无论什么时候想起**“充满爱心的人”**这个词,你都会在你的头脑之中看到这个意象。

现在,请跟着重复下面的这些话(每句话后停2秒钟)。

◇ 我可以改变我自私的行为,我可以无条件地去爱别人。

◇ 我可以通过充满同情心的行为来满足我对其他人的需求。

◇ 我每天都会练习精神性行为,直到它们成为一种习惯。

◇ 我会让专注所带来的那种宁静成为我生活的基础。

◇ 追逐私利所带来的快感是无法替代自然幸福的。

◇ 自然幸福时刻都在发挥着作用,而快感则做不到这一点。

◇ 我并不在意其他人如何看待我的精神态度。

◇ 我知道多一些放松反应的行为会让我变得更健康、更有活力。

◇ 我喜欢物质带给我的愉悦感,但我知道过度追求那种愉悦感也会导致失望情绪的产生。

◇ 我变得越来越有同情心了,因此我也越来越享受我的生活了。

◇ 我知道神希望把爱带给世人。

◇ 我知道对物质的追逐无法替代爱和自然幸福。

◇ 我知道关心他人会给自己带来更多的快乐。

◇ 随着我变得越来越有爱心,我也越来越享受我的生活,我的生活也更有意义。

现在,是时候把幸福习惯暗示移植进你的潜意识之中了,这些暗示会在你清醒以后依然和你在一起。

请跟着我重复:

◇ 如果我做了自私的行为,我将把我的手放在我的头上,并想**“充满爱心的人”**这个词,同时想象原来比较大的黑色轮廓衬托着的较瘦小的白色轮廓。

◇ 如果我在一个不合适的时候想要获得物质带来的愉悦感,我将把我的手放在我的头上,并想**“充满爱心的人”**这个词,同时想象我的白色人物轮廓。

随着我从 0 数到 5,你将回到你思维的表层,现在请让你最喜欢的地方的意象逐渐淡化。(停 2 秒)

当你知道你可以随时从催眠中回复到意识状态时,你便会感到镇定和放松。

◇ 0——请注意你的呼吸。

◇ 1——如果你想获得物质所带来的不健康的愉悦感,你会把你的手放在你的头上,并想**“充满爱心的人”**这个词。

◇ 2——你正回到思维的表层,将会变得专注。

◇ 3——无论你什么时候思考物质性行为,你头脑中都会出现你的白色的充满爱心的人被你原先较大的黑色轮廓遮暗的意象。

◇ 4——无论你什么时候想你最喜欢的地方,你都会想**“充满爱心的行为”**这个词。

◇ 5——随着你已经回到了你思维的表层,做一次深呼吸,深吸一口气,然后呼气。你已经完全醒过来,并感觉到心神爽快。花上片刻的时间通过一个数到 10 的简短的专注式呼吸练习来适应一下周围的环境。(等 4 秒)

记住这个暗示:“每次我听这个练习时都会感到更加深度的放松。”

现在,没有什么能够阻止你以一种更加舒服的方式放松了,因为你发现了实现自然幸福的新策略。

注　释

第 1 章

1. 来自寒泉港实验室科学之旅的诺贝尔奖得主。1969 年，Alfred Hershey、Salvador Luria 和 Max Delbruck 因为证明了 DNA 是可以遗传的以及在细菌遗传方面所做的研究而获得了诺贝尔奖。他们的研究表明细菌可以抵抗抗生素类药物。Barbara McClintock 于 1983 年获得了诺贝尔奖，她获奖的原因是她在研究玉米的 DNA 时发现了一种被称作转位子（transposon）的跳跃基因。1993 年，Richard Roberts 和 Philip Sharp 展示了 RNA 的剪接以及基因断裂的方式，这让他们俩共同获得了他们渴望已久的诺贝尔科学奖。2009 年，Carol Greider 与她的同事 Elizabeth Blackburn 和 Jack Szostak 一道获得了诺贝尔生理学（医学）奖。

2. "Eugenics."

3. DNA Initiative.

4. Ornish, et al. "Changes in Prostate Gene."

5. "What Is Epigenetics?"

6. 同上。

7. 同上。

8. "Epigenetics Means."

9. 同上。

10. 同上。

11. Alleyne, “Childhood Abuse.”

12. 同上。

13. “About the Human Genome Project.”

14. 同上。

15. 同上。

16. Laurie Nadel 对 Dawson Church 所进行的采访,2009 年 7 月 30 日。

第 2 章

1. Crews, definition.

2. “Who's Happy and Why?”

3. 同上。

4. Nixon, “Epigenetics.”

5. 同上。

6. Nadel, Haims, and Stempson, *Dr. Laurie Nadel's*, p. 210.

7. 同上。

8. Mitchell, interview.

9. Braden, interview.

10. Braden, *Spontaneous Healing*, and interview.

11. 同上。

12. 同上。

13. Livescience staff, “Happiness.”

14. 同上。

15. McCraty, interview.

16. 同上。

17. 同上。

18. 同上。

19. 同上。

第4章

1. Doyle,“Botswana.”

2. Crockett, *Stone Age*, p. 95.

3. “Spirituality,” Dictionary. com.

4. Guralink, *Webster's*, p. 576.

第5章

1. Hagerty, *Fingerprints*, pp. 97 – 8.

2. Pert, *Molecules*, pp. 131 – 32.

3. 同上,p. 98。

4. 同上,p. 98。

5. 同上,p. 101。

6. Braden, interview.

7. 同上。

8. Schwarz and Simon, *G. O. D. Experiments*, pp. 65 – 6.

9. Braden, interview.

第6章

1. Laurie Nadel 博士于 1997 – 2000 年期间在参加其关键思维研讨会的公司高管中所做的非正式调查。

2. Niemiec, Ryan, and Deci, “The Path Taken.”

3. Grove and Prince, *Facts & Figures.*

4. Buckingham, "What's Happening."

5. 同上。

6. Veenhoven, "Happiness in Nations," and "World Database."

7. Veenhoven, "World Database."

8. "The World Map of Happiness."

9. "Map of World Happiness."

10. "The World Map of Happiness."

第 7 章

1. "Happiness."

2. "Who's Happy and Why."

3. 同上。

4. "Mood May Be Written."

5. Jablonka and Lamb, *Evolution*, p. 1.

6. "Symptoms," p. 168.

7. "National Accounts."

8. Moreira-Almeida, "Religiousness."

9. 引自 www.thinkexist.com。

10. Czikszentmihalyi, "Finding Flow."

11. Pattakos, *Prisoners.*

12. Puchalski, "Spirituality."

13. Harris, Lufkin, Benisovich, Standard, Bruning, Evans, and Thoresen, "Effects of a Group Forgiveness."

14. 同上。

15. Kent, "The Cure for Depression?"

16. Gardner, *A Thousand Clowns*, p. 75.

第 8 章

1. Collins, *The Language of God*.

2. Baird, *The Mindful Meals*.

第 9 章

1. Nadel, "Make Way."

2. Kent, "The Cure for Depression?"

3. Braden, interview.

4. Kornfield, *The Roots*.

词 汇 表

“agape”式的爱(agape love[①]**):**希腊语《新约》中用来代表不同类型的爱的词汇中的一个。神爱属于意志的范畴,意为为你的邻居寻求最高的利益。“神爱”是耶稣所施予的“爱”的另一种表达方式。由于神爱属于意志的范畴,不一定涉及情感因素,因此它使得耶稣所发出的“爱你们的敌人”的命令变得现实可行。

利他主义(altruism):对于别人的幸福的无私关注。它既是许多文化中的一种传统美德,也是各种宗教传统(例如犹太教、基督教、伊斯兰教、印度教、耆那教、佛教、儒教、锡克教等等)中一个最核心的方面。这一理念经常被描述为“伦理道德的黄金准则”。利他主义与自私相对,它关注的是帮助他人的动机和做好事不求回报的愿望。

行为(behavior):行为是指一个物体或有机体的行动或反应,通常与环境相关。行为可以是有意识的,也可以是下意识的;可以是公开的,也可以是秘密的;可以是自愿的,也可以是非自愿的。人类的行为可以是普遍的、不常见的、可接受的或不可接受的。人类通过使用社会规范来评价行为是否可接受,并通过社会控制的方式来对行为进行管理。

行为遗传学(behavior genetics):围绕着遗传与环境对行为的影响来研

---

① 由于在本书正文中“agape”与其他几种形式的爱同时出现,而那几种形式的爱并无标准的中文译法,为保持统一,故“agape”并未译出。而此处可将“agape love”译为“神爱”。——译者注

究遗传与环境之间相互作用的学科。行为由哪些因素来决定这个问题通常被称作“先天与后天”之争。一种既承认遗传的重要性也承认环境的重要性的平衡观点在20世纪70年代盛行开来,而现代的研究则聚焦于确定那些影响行为维度的基因,所谓行为维度是指个性、智力以及像抑郁和过分活跃这种情志失调等因素。

需要指出的一个重要问题是,智力、个性特点、精神信仰、行为甚至身高等等都不是由单个基因决定的。相反,这些复杂的特征都具有多基因性——它们受多个基因的影响。行为遗传学的研究方法论并没有告诉我们涉及哪些因素,只给出相对于环境来说所有基因的相对影响。

生物利他性(biological altruism):在进化生物学领域,当一个有机体的行为有益于其他有机体,却有损于自身时,它就表现出利他性。所谓有益和有损是从繁殖健康度(reproductive fitness)或期望的后代数量的角度来衡量的。因此,通过表现出利他性,一个有机体会减少它可能产出的后代数量,但却会提高其他有机体产出的后代数量。生物学的利他性概念与一般的利他性概念是有一定差异的,一般的利他性包含一种帮助他人的有意识的意图。而生物学的利他性则没有这样的要求,因为在一些(据推测)根本没有意识的生物身上也发现了生物利他性的例子。生物学家认为,判断某一行为是否算作利他性的标准在于该行为为繁殖健康度造成了怎样的影响,而不在于做出这一行为所怀有的意图。

利他性行为在动物王国中十分普遍,尤其是在那些拥有复杂社会结构的物种之中更是如此。例如,吸血蝙蝠经常将吸进肚子里的血吐出来,然后送给它们群体里那些晚上没有进食的其他成员,以免它们饿死。在很多鸟类种群中,哺育幼鸟的夫妻会从其他“帮手”那里得到很多帮助来养育它们的幼崽,这些“帮手”会保护鸟巢免受猎食动物的骚扰,也会帮助给幼鸟喂食。东南非洲的一种小猴会发出警报声以警告自己的同类当心猎食者,即使这样做会让猎食者的注意力被吸引到它们自己身上，从而增加它们自身被袭击的可能性。

生物必为之事（biological imperatives）：为了保持自身的存在，为了自身能够存活下去，活着的有机体所必须要做的事。它们包括如下一系列的事情：生存、领地制度、竞争、繁殖。竞争是组成自然选择的最重要的环境因素之一。单个的有机体之间为食物和配偶展开竞争，而有机体群体则为控制资源和领地而展开竞争。

同情（compassion）：因他人所遭受的苦难而诱发的一种人类情感。这种感觉通常会引发一种希望减轻别人痛苦的愿望。它是利他性的精神表达的一种关键要素。世世代代以来，所谓的黄金准则都体现着同情的精神，即**对待他人如像你愿他人待你一样**。

竞争（competition）：个人、群体、国家、动物等之间为了领土、机会、权力、配偶或有限的资源所进行的一种争夺。任何时候，只要有两方或多方为了一个不能共享的目标而争取时就会产生竞争。竞争会很自然地出现在共存于同一环境之中的有机体之间。例如，我们的祖先之间本能地为了水、食物和配偶而展开竞争，后来，当这些需求得到满足后，他们又在对财富、声望和名誉的追求上展开了深层次的竞争。

在整个人类历史当中，竞争一直是战争与破坏行为的导火索，但它也会成为自我改进的激励因素。例如，如果两家公司为了同一市场而展开争夺，它们就会改善它们的产品和服务以提高销售额。如果一家公司对于消费者的需求反应更为积极和迅速，那么这家公司就会发展起来。另外，竞争的水平也会各不相同。在某些层面上，竞争可能是非正式的——更多的是为了脸面或为了开心。然而，另外一些竞争则可能极为严酷。例如，某些人类战争的爆发是因为两个国家之间激烈的竞争而导致的。竞争可能既会带来有益的结果也会带来有害的结果。许多进化生物学家都把物种间和物种内部的竞争看成是适应的驱动力量,并最终看成是进化的驱动力量。

意识(consciousness):通常被定义为一种主观的感受或清醒的状态,或思维的管控系统。除此之外,意识到目前为止都没有更好的定义;它是一个集合术语,它可能包括各种与思维有关的现象。而在本书中,意识是指可以进行精神表达的那部分思维,无意识(unconsciousness)则不可以。

尽管科学已经就意识的作用机理达成了一致,然而距离意识到底是什么还有很长的一段路要走。

由于我们的大脑还是进化过程中的"一项尚在进行中的工作",它仍然处于进化过程中,因此就这一点而论,它有着各种局限性。无论如何,主流神经科学家都认为意识是大脑活动的产品。然而,在目前,我们还无法理解,我们的脑细胞的信息加工工作与我们的主观感受是怎样联系在一起的。

染色体(chromosome):在每个细胞的细胞核之中,DNA 分子都被打包进一种线状的结构之中,这种结构被称作染色体。每个染色体都由围绕着支撑其结构的组蛋白而紧紧地缠在一起若干次的 DNA 所组成。在细胞没有分裂之时,染色体在细胞核中用肉眼是看不到的,即使在显微镜下也看不到。然而,在细胞分裂时,组成染色体的 DNA 会更加紧密地挤压在一起,这样在显微镜下就可以看到它们了。研究人员所知晓的关于染色体的知识都是通过观察细胞分裂时的染色体而得来的。

每个染色体都有一个被称作着丝点的压迫点,它将染色体分成两个部分或两个"手臂"。染色体的短臂被称作 p 臂。染色体的长臂被称作 q 臂。每个染色体上着丝点的位置都赋予了染色体特有的形状,它可以用来描述特定基因的位置。

DNA:又名脱氧核糖核酸,是人体以及几乎所有其他有机体内的遗传物质。一个人体内几乎每个细胞都有相同的 DNA。DNA 中的信息是以一种编码的形式存储的,这样的编码由四种碱基所组成:腺嘌呤(A)、鸟嘌呤

(G)、胞嘧啶(C)和胸腺嘧啶(T)。人类DNA由大约30亿个碱基组成,其中有99%是所有人都相同的。这些碱基的顺序或次序决定了构造和维持一个有机体的信息,就如同字母表中的字母为了组成单词和句子要以一定的顺序出现一样。DNA碱基彼此之间相互配对儿,A和T之间以及C和G之间,构成一种被称做碱基对儿的单位。每个碱基又都依附于一个糖分子和一个磷酸分子。一个碱基、一个糖分子、一个磷酸分子共同被称为核苷酸。核苷酸包括两个很长的链,它们构成了一种被称作双螺旋的结构。双螺旋结构有点类似于一个梯子,碱基对儿构成了梯子的梯级,而糖分子和磷酸分子构成了梯子的侧板。

DNA的一个重要属性是它可以自我复制。双螺旋中的每个DNA片段都可以作为复制碱基次序的一种模式。这在细胞分裂时十分关键,因为每个新细胞都需要有一个正确的副本存在于老细胞之中。

情感(emotion):对于我们存在的质量和意义来说,我们的精神生活中没有哪个方面比情感更重要。它们是让活着更有价值的因素。通常来讲,情感被定义为一种与多种感觉、思想和行为相关联的精神状态或心理状态。情感是一种主观的感受,通常与心情、性格、个性、性情等相关。在本书中,我们所讨论的就是具有报偿性的情感,例如快乐和喜爱,它们来自于像同情这样的精神表达。

移情(empathy):分享另一种生物的情感和感受的能力。因为移情涉及理解其他人的情感状态,因此体现移情的方式是体现情感本身的方式的衍生物。例如,如果情感主要是通过身体感受来体现的,那么把握另一个人的身体感受对于移情来说就是最主要的。而如果情感的特征更多地体现为一些观点和愿望,那么把握这些观点和愿望才是对移情更为关键的。

将自己想象成另一个人的能力是一种非常复杂的想象过程。然而,识别情感的基本能力很可能是天生的,或许是在无意识间获得的。人类识别其他人身体感受的能力与一个人的模仿能力有关,即将他所看到的另一个人的身体动作和面目表情与他自己产生这些相应的动作和表情时的感受联系在一起的能力。

近年来,研究人员已经针对导致移情这种感受的可能的大脑过程进行了一些研究。例如,功能性磁振造影(functional magnetic resonance imaging, fMRI)已经被用来分析移情的功能解剖。这些研究显示,观察另一个人的情感状态会激活某人自己体内与处理那种同样状态相关的部分神经元网络,无论它是触摸、疼痛还是消化。

能量(energy):在物理学中,能量是一个属于标量的物理量,它描述了可以被一种力来执行的工作量。它是物体和系统的一种属性,遵循守恒定律,也就是说总能量总是保持不变。能量有各种不同的形式,包括动能、势能、热能、重力能、声能、光能、弹性能以及电磁能。各种形式的能量经常是以一种与之相关的力的名称来命名的,任何形式的能量都可以转化为另一种形式或系统。从生物学的角度来看,我们思想的能量会反映在我们的情感中,而我们精神的能量会被转化为生理上的改变。

表观遗传学(epigenetics):指的是因作为基础的 DNA 序列发生变化以外的机制而引发的表现型(外观)或基因表达方面的改变。这些改变可能会通过细胞分裂的方式继续在细胞生命的留存部分得以发生,它们也可能会持续几代。然而,有机体的 DNA 序列并没有发生改变;相反,是非遗传因素令有机体的基因采取了不同的行为方式(或表达它们自身的方式)。表观遗传学便是研究基因的这些反应以及影响这些反应的因素的一门学科。

基因组会对环境做出动态的反应。压力、膳食、行为、毒素、身心干预以及其他因素都会激活调节基因表达的化学开关。本书中所采用的身心干预方法便是表观遗传机制所采取的形式。

进化(evolution):一个种群的有机体在一段相当长的时期里在遗传物

质上所发生的改变。尽管每一代所发生的改变都很小，然而这种微小的变化在如此长的一段时期里便会聚成一种巨大的变化，从而导致了新物种的产生。各物种之间的共同特征表明，所有的已知物种都源自同一个祖先。进化的基本进程是基因从一代向下一代的传递，这导致了一种有机体的特征会代代传承下去。在种群内部，这些特征会发生变化。进化便是不断地引入变异的过程和使得那些变种更普遍或更稀少的过程所导致的结果。新的变异主要以两种方式出现：要么来自基因突变，要么来自基因在种群之间或物种之间的转移。自然选择便是选择那些可以提高存活和繁殖概率的特征并使它们在一个种群中更为普遍的过程。进化的另一种机制是遗传漂变，它是一种会带来随机改变的进程，这种改变可能影响到一种特定的特征是否会被传递给下一代。

进化心理学(evolutionary psychology)：旨在将心理特点(例如记忆、主观感受、意识或语言)解释为适应行为的一门科学。适应行为是自然选择的产品，它会帮助我们的祖先与这个世界周旋、存活下来并繁衍生息。

其他的适应行为还包括猜测其他人情感的能力、辨别亲疏的能力、发现并选择更健康的配偶的能力以及与其他人合作的能力。同自然选择理论一致的是，进化心理学也认为有机体经常处于与其物种中的其他成员的冲突之中，包括他们的配偶或亲属。然而，人类在特定条件下也具有非常突出的合作能力。

信仰(faith)：对一个人、一种理念或一件事情深深的信任或信奉。在宗教背景下，“信仰”这个词常被用来指代神或宗教本身。信仰涉及对未来发生的事件或结果的一种理念，它被用来指代一种不依赖于逻辑证明或现实证据的信念。“信仰”这个词的非正式用法很多，它可以被用来与“信念”(belief)一词替换使用。

关于“信仰”一词最初的含义存在不同的意见。圣·奥古斯丁(St. Augustine of Hippo)主张我们所有的信念最终都依赖于被信仰所接受的信念。而其他人如C. S. 刘易斯(C. S. Lewis)认为,信仰只是我们在任何情况下(哪怕是我们的心情不想为之的情况下)都能坚持我们的理性观点所秉持的原则。

感觉(feeling):在心理学中,“感觉”一词也被用来描述触摸所带来的身体知觉以外的体验,例如温暖的感觉。在心理学中,这个词通常被用来指代有意识的、主观的情感体验。心理疗法的许多流派都依赖于理疗师对于客户的感觉所获得的某种理解,而不同的理解则对应着不同的治疗方法。有些人际关系理论对于理解其他人的感觉以及人类共有的感觉也有一定的作用。

对于物质世界的主观感受并不一定会在人们中间引发一种普遍同一的反应,具体的反应会依一个人处理这一局面的方式、这一局面与这个人过去经历的关联性,以及许多其他因素而定。另外,感觉也被看作是一种有意识的状态。

基因(gene):遗传最基本的物质单元和功能单元。基因由 DNA 组成,它可以指导蛋白质的合成。人类的 DNA 有大小之分,从最小的只有几百个碱基,到最大的有超过 200 万个碱基。据人类基因组工程估算,人类拥有 2 万 ~2. 5 万个基因。

每个人的每个基因都有两个“复制本”,分别从父母那里继承而来。对所有人来讲,大多数的基因都是相同的,只有个别一些基因(不到总数的 1%)是因人而异的,而这种差异非常小。等位基因(alleles)是同一个基因的两种形式,它们在 DNA 碱基次序上存在微小的差异。这些微小的差异促成了每个人独特的身体特征。

基因表达(gene expression):来自一个基因的信息被用来合成一种功能基因产品的过程。这些产品经常是蛋白质,但是在非蛋白质编码的基因中,这种产品是一种功能 RNA,它会产生生命所需的巨分子机器。

在遗传学中,基因表达是基因型导致表现型的一个最基本的层面。遗传编码通过基因表达被翻译出来,而基因表达产品的特性导致了有机体的表现型。

基因突变(gene mutation):组成一个基因的 DNA 次序的永久改变。突变的规模从单个的 DNA 构件(DNA 碱基)到染色体的一个大的片段。基因突变会以两种方式发生:从父母那里继承得来或在后天发生。由父母传给子女的基因突变被称为遗传突变(hereditary mutation)或胚系突变(germ-line mutation)(由于它们出现于卵细胞和精细胞之中,而卵细胞和精细胞也被称作胚细胞)。这一类型的突变会在人体内几乎每个细胞之中伴随着人的一生而存在。

只在一个卵细胞或一个精细胞中发生或在受精过程后发生的突变被称作新突变(new mutation)。新突变可以解释下面这类遗传疾病,比如一个患病的孩子体内的每个细胞都发生的突变,但其家族并没有该种疾病的疾病史。

后天突变(acquired mutation)也称体细胞突变(somatic mutation),发生于一个人一生之中某个时段个别一些细胞的 DNA 中。这些改变可以由环境因素引起,例如来自太阳的紫外线辐射;而在细胞分裂过程中,如果 DNA 在自我复制时出现错误,也会导致后天突变的发生。发生在体细胞(精细胞和卵细胞外的细胞)中的后天突变是不能被传递给下一代的。

遗传学(genetics):研究遗传基因及其功能、结构与效应的科学。基因是生命体从他们的祖先那里继承来诸多特征的方式。例如,孩子通常与他们的父母在外貌上比较相似。在遗传学中,一个有机体的特征被称作特质(trait)。有些特质属于一个有机体的外表特征,但也有许多其他类型的特质,包括从行为的诸多方面到对疾病的抵御能力。特质通常是从父母那里继承得来的。例如，又高又瘦的人通常也会有又高又瘦的孩子。而也有些特质是来自于继承得来的特征与环境之间的相互作用。例如，一个孩子可能会从父母那里继承身材高的倾向，但如果没有足够的食物，孩子就会营养不良，从而长成矮个子。遗传因素与环境因素之间相互作用而形成一个人的特质的方式很复杂。例如，某个人患上并死于癌症或心脏病的概率不但取决于他的家族史，也取决于他个人的生活方式。

遗传信息由一个很长的被称为 DNA 的分子所携带，而 DNA 可以在各代之间被复制和继承。DNA 里承载着有机体的特质，这些特质作为构建和运转一个有机体的指令。这些指令包含在 DNA 的片段里，而这些片段就是基因。DNA 是由一连串简单的单元所组成的，这些单元的顺序会将以遗传编码形式存在的指令拼写出来。这同拼写出一个单词的字母顺序有些相似。有机体会“读出”这些单元的顺序并对指令进行解码。

并不是一个特定指令的所有基因都完全相同。某一基因的不同形式被称作该基因不同的等位基因。举例来说，决定头发颜色基因的一个等位基因可能携带着产生大量黑色素的指令，而另一个不同的等位基因则可能给出非常模糊的指令，于是就没有色素产生，头发就是白色的。

基因工程(genetic engineering)：从一个物种(例如老鼠)身上提取基因和 DNA 片段，然后将它们调换到另外一个物种(例如猴子或香蕉)身上。用比较简单化的术语来解释，就是将 DNA 中比较松散的片段剪切下来，并把它们随机地放置或放置于一些特定的位置上。

基因工程使打破物种间的障碍成为可能，例如，它可以将取自细菌的杀虫毒素基因转移到玉米、棉花和油菜籽中，或者将取自人的基因转移到一头猪的身上。

尽管听起来很简单易懂，但理论并非总是贴合于现实。新基因经常会在没有明显原因的情况下，仅在非常有限的时间内产生效力，然后便“归于沉寂”。但人们却无法提前预知这种情况是否会发生。尽管基因工程经常被称作是一种精确的方法，但把新基因转入到受体中的最后阶段其实相当原始，既严重缺乏精确性，又不具备可预测性。“新”基因最终可能处于任何地方，紧挨着任意一个基因，甚至是在另外一个基因的内部，干扰其功能的发挥。通常，基因工程不仅利用一个基因的信息并用它来支持另一个基因的启动子，而且还会从其他基因和其他物种那里零碎地提取一些物质。尽管这样做的目的是为了有利于新基因的表达和功能发挥，但它也会引起更多的干扰并提高产生一些不可预测的效果的风险。因此，基因工程仍处于发育期，还有很多需要了解。

基因组(genome)：在一个细胞之中发现的一整套遗传指令。人类的基因组由23对儿位于细胞核内的染色体和一个位于线粒体中的小染色体所组成。这些染色体总共包含大约31亿个DNA序列碱基。

习惯(habits)：经常重复并且通常是下意识(在没有通过意识去思考的情况下)做出的行为。习惯性行为有时是自身注意不到的，因为从事例行的工作通常不必进行自我分析。适应(habituation)是学习的一个极端的例子。在这一过程中，有机体在经历了一段时期与某种刺激的接触后，便不再会对那种刺激做出各种反应。习惯有时是强制性的，习惯性行为被保留在我们的潜意识思维中，它可能会随着身心干预而发生改变，例如本书中所提到的那些干预方式。

幸福(happiness)：精神和感觉的一种状态，以内心平静、充满爱心和喜悦为特征。自然幸福产生于我们具有遗传性的精神层面，它是独立于外部环境的，例如愉悦、满意和生活的安宁。尽管哲学、宗教、心理学、生物学等领域的各种方法都努力去定义幸福并找出它的源泉，但幸福的源泉总是取决于外部环境，因此总是变化的。由于自然幸福易受我们的精神基因所影响，因此我们的精神表达立刻会获得积极情感的奖赏。做一件无私的事情，例如表现出对他人的同情和做一件好事，自然幸福便会油然而生。

催眠(hypnosis)：头脑的一种状态，通常由一种叫作催眠诱导(hypnotic induction)的过程所引发，这一过程包括一系列初步的指令和建议。催眠建议可以由催眠师当着被催眠人的面而给出，也可能是自我管理的(自我催眠)。出于治疗目的而使用的催眠被称作催眠术疗法。与一种普遍的误解——认为催眠是一种与睡眠相似的无意识状态——相反，当代的研究表明，催眠实际上是一种清醒的状态，处于催眠的人注意力集中且可暗示性升高，但周边知觉(peripheral awareness)减少。本书使用了自我催眠的方法来帮助培养自然幸福。

催眠术疗法(hypnotherapy)：经常用于调整被催眠者的行为、情感内容(emotional content)以及态度，同时也用于调节各种状况，包括不良习惯、焦虑、与压力有关的疾病、疼痛处理、个人成长等。催眠术疗法会带来深度的放松，会令人产生一种改变了的意识状态，也叫作出神(trance)。许多人都会经历一种类似于出神的状态，比如看电视时或等红灯时。处于出神或深度聚焦状态下的人通常不会对一个观点或一个意象做出反应，但这并不意味着催眠师可以控制这个人的思维和自由意志。相反，催眠实际上是在教人们如何去掌控他们自己的意识状态。这样做可以使他们能够影响他们自己的身体功能和心理反应。

在催眠过程中，人的身体会放松而他的思想会变得高度集中。与其他放松手法相类似，催眠会降低血压和心率，改变特定类型的脑电波活动。在这种放松状态下，一个人会感到身体非常舒适，而头脑却完全清醒。在这种处于深度聚精会神的状态下，人们对暗示的反应非常灵敏。

本能(instinct)：对于某种特定行为天生的倾向。一个有机体固定的行为模式不是习得的，而是继承来的。通过观察动物所做出的各种各样并非基于先前经验的行为，我们可以找到一些本能的固定行为模式的例子(例如在海滩上孵出的海龟会自动地向大海方向移动)。

按照达尔文的进化理论,一种有利的特质,例如本能,将通过竞争和拥有这种本能的生命形式提高了的存活率而得到选择。这样,对于进化生物学来说,本能可以解释为有利于生存的行为。已经被看成是本能的人类特质包括睡眠、利他性、恶心、面孔感知(face perception)、"要么战要么逃"("fight or flight")以及竞争。一些在人类和灵长类动物社群中所做的实验也得出了这样的结论:公平感可以被认为是本能的(例如人和猿都会因为抗议对于自己或他人的不公正待遇而甘愿让自己的利益受损)。

冥想(meditation):一种经过证实的治疗方法,被划归为身心医学的一种形式。越来越多的医生把冥想作为降低血压、提高心绞痛人群的锻炼效果、帮助哮喘人群呼吸、减轻失眠以及帮助人们从每天充满压力的生活中解脱出来的一种方式。冥想是平衡一个人的身体、情感和精神状态的一种安全、简单的方式。将冥想的方法用于治疗并不是什么新鲜事儿。冥想技巧是全世界众多文化和众多人群的产品。冥想植根于世界上几大宗教的传统之中和精神传统之中,人们通常会以这样或那样的形式进行冥想活动。冥想在减轻痛苦和促进治愈方面的价值几千年前就已经为人们所了解,自那时起,人们就一直在利用它在这些方面的功效。

身心干预(mind-body interventions):身心干预是美国国家辅助与另类医学中心(Us National Center for Complementary and Alternative Medicine, NCCAM)一种分类的名称,它涵盖了多种旨在提高精神影响身体功能和症状的能力的技巧。这些技巧中的一些曾经被认为是辅助性或另类的医疗方法,但现在它们已经成为主流(例如,病人支持团队和认知行为疗法)。其他被认为是辅助性或另类的治疗方法的身心干预技巧还包括冥想、祈祷、心理治疗、催眠以及运动再教育(movement re-education)。身心干预方法的使用是基于这样一种观念,即心灵、身体和精神三者之间是彼此相互联系的,而且它们都会受到环境的影响。身心治疗方法旨在提高身体、精神和情感方面的健康程度。压力和精神抑郁都会助长慢性病的滋生并妨碍人们从这些病中恢复过来，因为它们会造成荷尔蒙的严重失衡。身心干预的一个著名的例子是安慰剂效应，即由于服用没什么作用的药物例如糖丸而使身体状况得到改善，它证明了心理与身体之间的联系。

专注(mindfulness)：对一个人的身体功能、感觉、意识的内容或意识本身的平静感知。专注技巧在西方心理学中正越来越多地被使用以帮助缓和各种各样的精神和身体状况。佛教徒们认为，早在2,500多年以前，佛就为人们提供了培育专注力的指导。专注是指将一个人的意识聚焦于当前时刻思维内部的体验上——远离过去、未来和某些中断的思路。通过观察无意识思维，你会发现思维当中不断地被一些喋喋不休的声音所充斥，另外还有一些与过去和未来相联系的评论或判断，因此它是会产生错觉的。随着你更密切地观察你的思维，你会发现苦难的中止并不是源于外在环境的某种改变，而是源自放弃对于思想、欲望、倾向等的执著。

突变(mutation)：一个细胞的基因组DNA序列所发生的改变。基因突变是由环境因素所引起的，例如有毒物质、病毒、辐射以及DNA复制过程中的基因拷贝错误。这样的突变可以防止基因发挥功能，或改变由基因所产生的RNA或蛋白质。这些改变可能会无法防止病毒避开人类的免疫系统，从而无法防止疾病的发生，由此给人类造成灾难性的后果。

通过允许大量的DNA进行复制，突变可能会在进化的过程中发挥巨大的作用。这些DNA复本是进化出新基因的主要原料来源。大多数的基因都归属于拥有共同血统的基因家族，但新基因可以通过祖先基因(ancestral gene)的复制和突变而产生，而它们使得新特质和新功能的出现成为可能。如果这些新特质提高了物种的存活率，那么它们经过一段时间后就会成为祖先基因。

正向心理学(positive psychology):按照宾夕法尼亚州立大学正向心理学中心(the Positive Psychology Center at Penn State University)的定义,正向心理学是对于能够使得个人健康成长、社群蓬勃发展的一些优点和德行所进行的科学研究。正向心理学研究中心推动着正向心理学的研究、培训、教育和传播。该领域是建立在这样的信念的基础之上的,即人们想过上有意义和愉快的生活,想培养他们内心之中最美好的东西,想提高他们恋爱、工作和娱乐的体验。

正向心理学主要关注三个问题:正向的情感、正向的个性特质和正向的组织。理解正向的情感需要研究对于过去的满足、处于当下的快乐和对于未来的憧憬。理解正向的个性特质需要研究人的优点和美德,例如恋爱与工作并进的能力、勇气、同情心、快速恢复的能力、创造力、好奇心、正直、自知之明、谦逊、自控力以及智慧。理解正向的组织需要研究能够有助于社群发展的优点,例如正义、责任心、礼貌、对子女的关怀照顾、对子女的培育、职业伦理、领导力、团队配合、目的感和容忍力。

作者的注释:诚然,关注心理学的正向潜能,而不是像传统那样关注精神疾病看上去似乎是心理学领域的一个重大进展。然而,它却是与对幸福的普遍误解联系在一起的,即认为幸福来自于外部,因此正向心理实际上也依赖于外部环境的变化。相比之下,本书将持久幸福的状态界定为表达精神基因的自然结果,因而它是不受外部环境所左右的。

心理(psyche):在精神分析学和其他形式的深度心理学中,心理指的是一个人身上所拥有的能对思想、行为和个性产生影响的力量,也指对于自我的概念,包括关于灵魂、自身和精神的现代观念。

精神分析学的缔造者西格蒙德·弗洛伊德(Sigmund Freud)认为,心理是由三个要素所组成的:本我,它代表着一个人本能的驱动力,基本上是无意识的;自我,它是有意识的,它会把本我的驱动力和超我的禁忌结合起来;

超我，它代表着一个人的责任心和一个人将社会规范和道德的内化。

放松反应（relaxation response）：一种可以减少身体和情绪上的压力反应的深度休息的状态。它是“要么战要么逃”这一反应方式的对立面。放松反应会将压力带给你的东西化解掉。它会让肌肉的紧张程度降低，会降低心率和血压，还会让你实现比较深度的呼吸，并为你带来平和与愉快的心情。放松反应的技巧是由哈佛医学院的赫伯特·本森博士发明的，它经过了大量的检验，并在《放松反应》（*relaxation response*）一书中得到了完整的描述。

宗教（religion）：宗教通常是指把对一个更高的权威或真理的忠诚和信奉进行系统化表达的组织。宗教的主要构成要素包括信仰、仪式以及给教徒的生活赋予意义的伦理道德。“宗教”这一术语既指与共同信仰和群体仪式相关的个人实践，也指源自于共同信仰的相互交流。“宗教”有时与“信仰”或“信仰体系”互换使用，但与个人的信念相比，它的定义更具有社会性，它需要特定的行为。

宗教的发展在各种不同的文化中采取了多种形式。其发展要考虑心理和社会根源，同时也要考虑其起源和历史。尽管在人类历史的长河中出现过成百上千种宗教，但较为重要的一些宗教都是为了信仰的一致性而组成的一个共同的系统，它关注一个神，拥有道德规范、行为惯例、传统、仪式和经文。

一个有组织的宗教的成员可能看不到宗教与精神信仰之间存在任何差别。他们或许会看到其宗教的世俗方面与它的精神维度之间的区别。有些人会严格区分宗教与精神信仰；他们可能认为精神信仰是对宗教理念（例如对天、对灵魂、对神）的一种信奉，但并不受制于某一特定的组织化宗教的官僚结构和诸多教条。他们选择“精神信仰”这一术语而不是“宗教”来描述他们的信仰形式，可能反映了他们已经对组织化的宗教不再抱有幻想，并正朝向一个更加“现代”、更加具有容忍度以及更加直观的宗教形式进发。

自我催眠(self-hypnosis):一种自然出现的精神状态,可以将其定义为专注度提高的一种状态,在这种状态下,人们愿意听从指导(具有可暗示性)。从本质上来讲,这种方法是你对你自己所进行的催眠诱导。

自我超越(self-transcendence):在日常的语言中,超越意味着“超出……之外”,而自我超越意味着超出你自身先前的状态之外。神秘的体验被认为是自我超越的一种尤其高级的状态,在这种状态下,独立自我感被抛弃。自我超越从心理学的角度来讲是可测的,另外,它也是继承而来的(至少在一定程度上如此)。关于自我超越的一些发现在迪恩·哈默所著的《上帝的基因》一书中有述。

社会生物学(sociobiology):这一术语是由E.O.威尔森在其所著的《社会生物学:新的综合》(1975)一书中引入的,它是将进化论应用于社会行为的产物。生物学家们宣称,为了成功繁育后代所进行的自然选择造就了许多社会行为,他们企图重构某些特定行为和行为策略的进化史。例如,进化生物学家长期以来一直为某些动物社群中表现出的明显的利他行为和现象而感到困惑不已,例如昆虫群体中的不能生育的“工人”,能提醒同伴注意敌人但却会暴露自己的报警叫声,食物以及其他资源的共享行为等等。这样的行为看上去非常无私,而且会给做出行为的动物自身带来成本,这似乎与自然选择所具有的自我保护的性质相互冲突。为了解释这一看似矛盾的现象,社会生物学家研究了利他行为与进化过程相吻合的条件,并得出结论:尽管一个有机体可能会牺牲它自身,但它的行为会对其家族或整个社群有益。对社会生物学持批评态度的人士指出,其所主张的基因决定论,尤其是人类行为的基因决定论,其实是一种对现状的默许。例如如果雄性的攻击性从基因的角度来讲是确定不变的,且对于种群繁殖是有利的,那么雄性的攻击性似乎就是一种我们难以控制的生物现实。

精神信仰(spirituality):与精神的本质有关、包含精神的本质或拥有精神的本质;不可触及,且具有非物质性。正如这一定义所表明的那样,精神信仰并没有一个通行的定义,它取决于你个人的角度。通常来讲,它与宗教、神灵、超自然和来世关系密切。它可能包括存在主义和内省以及一个人通过冥想、祈祷和思考等实践所形成的内在生活(inner life)。

从传统上来看,宗教已经将精神信仰看作是宗教体验的一个不可或缺的方面,但西方世界世俗主义的发展引发了对于精神信仰的一种更为宽泛的理解。不同的人所拥有的精神世界观都属于世俗的精神信仰的范畴,它个体化更强、体系性较差,对于新理念更加开放,其内涵相较于有组织的宗教所推崇的信仰更加多元化。

对于一个基督徒来说,称自己为"精神信仰多一些、宗教信仰少一些"可能意味着他相对来讲对于规则、仪式和传统持反对态度,而更倾向于与上帝之间保持亲密的关系。这种信仰的基础在于:耶稣基督将人类从那些规则、仪式和传统中拯救出来,赋予了我们"顺着圣灵而行"("walk in the spirit")的能力,从而令我们通过与上帝之间的一种一对一的关系保持了一种"基督徒"的生活方式。

石器时代(Stone Age):一个跨度很宽的史前时代,其间,人类广泛地使用石头来制造工具。石器工具由各种各样不同的石头所制成。例如,人类将燧石塑形后将其改作为切削工具或武器,而玄武岩和砂岩则被用作磨制石器。

一系列的金属工艺方面的革新构成了后来的黄铜时代、青铜时代以及铁器时代的特征。270 万 ~258 万年前的那段时期见证了石器工具在埃塞俄比亚的高纳(Gona)地区的最初使用及其随后在其他地方的传播。随着农业的发展、某些动物的驯化以及能够制造金属的铜矿的提炼,石器时代走到了尽头。它之所以被称为史前时代是因为那时人们还没有开始写字。

潜意识思维(subconscious mind):潜意识这一术语被人们以诸多不同的方式使用着,它没有一个单独的定义。然而,在日常的演讲和一些通俗的作品中,我们经常会碰到这一术语。它经常被用于指代独立于意识思维的那部分思维。在弗洛伊德的心理结构理论中,潜意识思维被称作本我。本我代表着一个人本能的驱动力,基本上属于潜意识的(无意识的)范畴。在不同的时代,人们都把潜意识看作是一种力量,可能是因为他们认为它拥有的能量超过意识所拥有的能量。潜意识可能会记住、觉察到或判定一些意识无法记住、觉察到或判定的东西。潜意识思维是一种强大的力量的观点使得这一术语在新世纪的一些自助类文学作品中拥有了非常突出的地位,在这些作品中,探究或控制其所拥有的知识和力量被认为是对人类有益的。另外,也有人认为潜意识思维或多或少地包含着一些原始的,要不然就是人们拒绝承认的本能、冲动、欲望和思想。

参考文献

"About the Human Genome Project." *www. ornl. gov/ sci/techresources/Human_Genome/project/about. shtml.* Accessed February 2010.

Agor, Weston. *Intuitive Management: Integrating Left and Right Brian.* Englewood Cliffs. N. J.: Alba House Cassettes, 1987.

Alleyne, Richard. "Childhood Abuse Leaves Body Physically Vulnerable to Mental Illness." *www. telegraph. co. uk.* Accessed February 22, 2009.

American Psychiatric Association. *Quick Reference to the Diagnostic Criteria From DSM-IV.* Washington, D. C.: American Psychiatric Association, 2000.

Armstrong, Karen. *A History of God: The 4,000 Year Quest of Judaism, Christianity and Islam.* New York: Ballantine Books, 1993.

Axelrod, Robert. *The Complexity of Cooperation: Agent-Based Models of Competition and Collaboration.* Princeton N. J.: Princeton University Press, 1997.

Baars, B. *In the Theater of Consciousness: The Workspace of the Mind.* New York: Oxford University Press, 1997.

Baird, Dr. James. *The Mindful Meals Diet.* Lincoln, Ind.: iUniverse, 2007.

Batson, C. D. *The Altruism Question.* Hillsdale, N. J.: Erlbaum, 1991.

Behe, M. *The Edge of Evolution: The Search for the Limits of Darwinism.* New York: Free Press, 2008.

Ben-Shahar, Tal, PhD. *Happier: Learn the Secrets to Daily Joy and Lasting Fulfillment.* New York: McGraw-Hill, 2007.

Blackmore, Susan. *Consciousness: An Introduction.* Oxford, N. Y. :Oxford University Press,2005.

Borysenko, Joan, PhD. *Minding the Body, Mending the Mind.* Cambridge, Mass. : Da Capo Press,2007.

Braden, Gregg. *Fractal Time: The Secret of 2012 and a New World Age.* Carlsbad, Calif. : Hay House,2009.

——. Interview on *The Sixth Sense* with Dr. Laurie Nadel. *www. webtalkradio. net.* April 7,2008.

——. *Secrets of the Lost Mode of Prayer: The Hidden Power of Beauty, Blessing, Wisdom, and Hurt.* Carlsbad, Calif. :Hay House,2006.

——. *The Spontaneous Healing of Belief: Shattering the Paradigm of False Limits.* Carlsbad, Calif. :Hay House,2008.

Brigham, Deirdre Davis, with Adelaide Davis and Derry Cameron-Sampey. *Imagery for Getting Well: Clinical Applications of Behavioral Medicine.* New York: W. W. Norton and Company,1994.

Bruce, Eve, MD. *Shaman, M. D. : A Plastic Surgeon's Remarkable Journey Into the World of Shapeshifting.* Rochester, Vt. :Destiny Books,2002.

Buckingham, Marcus. "What's Happening to Women's Happiness?" *The Huffington Post. www. huffingtonpost. com/marcus-buckingham.* September 27,2009.

Buss, David, Ed. *The Handbook of Evolutionary Psychology.* Hoboken, N. J. :John Wiley & Sons,2005.

Campbell, Joseph. *The Hero With a Thousand Faces.* Princeton, N. J. :Pantheon Books,1949.

Carey, G. *Human Genetics for the Social Sciences.* Thousand Oaks, Calif. : Sage Publications,2003.

Carson, Ronald A. , Mark A. Rothstein, and Floyd E. Bloom. *Behavioral Genetics: The Clash of*

Culture and Biology. Baltimore. Md. :The Johns Hopkins University Press,2002.

Chalmers,David. *The Conscious Mind:In Search of a Fundamental Theory*. New York:Oxford University Press,1996.

Church,Dawson,PhD. *Epigenetic Medicine and the New Biology of Intention,2nd Edition*. Santa Clara,Calif. : Elite Books,2009.

Clark,W. ,and M. Grunstein. *Are We Hardwired? The Role of Genes in Human Behavior*. New York:Oxford University Press,2000.

Cleermans,A. , ed. *The Unity of Consciousness: Binding, Integration and Dissociation*. New York:Oxford University Press,2000.

Cobb, John. *The Structure of Christian Existence*. Lanham, Md. : University Press of America,1967.

Collins,F. *The Language of God*. New York:Free Press, 2006.

Crews,David. Definition from "Epigenetics and its implication for behavioral neuroendocrinology." *Frontiers in Neuroendocrinology* 29. No. 3:334—57 (2008). *http://cat. inst. fr/aModele = afficheN@ cpsidt = 20391246*.

Crockett,Tom. *Stone Age Wisdom: The Healing Principles of Shamanism*. Gloucester, Mass. : Fair Winds Press, 2003.

Czikszentmihalyi,Mihaly. "Finding Flow." *Psychology Today*. July-August 1997,p. 46.

Dawkins,R. *The Blind Watchmaker: Why the Evidence from Evolution Reveals a Universe Without Design*. New York:W. W. Norton,1987 and 1996.

Dawkins. Richard. *The Selfish Gene*. New York:Oxford University Press,1976 and 1989.

De Beauport,Elaine,with Aura Sofia Diaz. *The Three Faces of Mind:Developing Your Mental, Emotional,and Behavioral Intelligences*. Wheaton. Ill. :Quest Books/ Theosophical Publishing House,1996.

Dembski,W. *No Free Lunch: Why Specified Complexity Cannot Be Purchased Without Intelli-*

gence. Lanham, Md. :Rowman & Littlefield Publishers,2007.

Dick,D. M. ,and R. J. Rose. "Behavior genetics:What's new? What's next." *Current Directions in Psychological Science* 11,No. 2:70—4(2002).

Diener, Ed. *The Science of Well-Being: The Collected Works of Ed Diener*. New York: Springer,2009.

Diener,Ed, and Robert Biswas-Diener. *Happiness: Unlocking the Mysteries of Psychological Wealth.* Malden,Mass. :Blackwell Publishing,2008.

DNA Initiative: Advancing Criminal Justice Through DNA Technology Website. *www. dna. gov.*

Donaldson,Dwight M. *Studies in Muslim Ethics.* London:S. P. C. K,1963,p. 82.

Dossey,Larry,MD. *The Power of Premonitions:How Knowing the Future Can Shape Our Lives.* New York: Dutton/Penguin,2009.

Doyle,Alister. "Botswana 'snake rock' may show Stone Age religion." Oslo: Reuters News Service, November 30,2008.

Dunbar,Robin. *The Human Story*. London:Faber and Faber,2005.

Dyer,Dr. Wayne W. *Change Your Thoughts,Change Your Life:Living the Wisdom of the Tao.* Carlsbad,Calif. : Hay House,2007.

"Epigenetics means that what we eat,how we live and love alters how our genes behave." Duke Medicine News and Communications press release,October 25,2005.

"Eugenics." Dictionary. com. *http://dictionary. reference. com/browse/eugenics.* Accessed February 2010.

Evans,Dylan,and Oscar Zarate. *Introducing Evolutionary Psychology,2nd Edition.* Cambridge, UK: Totem Books,2005.

Evans,J. D,and D. E. Wheeler. "Differential gene expression between developing queens and workers in the honey bee,apismellifera." Proceedings of the National Academy of Sciences

96:5575—80(1999).

Fagg, L. *Electromagnetism and the Sacret: At the Frontier of Spirit and Matter.* New York: Continuum, 1999.

Frankl. Victor E. *Man's Search for Meaning: An Introduction to Logotherapy, 4th Edition.* Boston: Mass.: Beacon Press, 1992.

Gallup, George Jr. *Religion in America*: Princeton, N. J.: Princeton Religion Research Center, 1985.

Gallup, Jr. George, and Jim Castelli. *The People's Religion: American Faith in the' 90s.* New York: Oxford University Press, 1996.

Gardner, Herb. *A Thousand Clowns: A Comedy in Three Acts.* New York: Samuel French, Inc., 1961.

Ghiselin, Michael T. "Darwin and Evolutionary Psychology." *Science* 179:964 - 8(1973).

Gilbert, Daniel. *Stumbling on Happiness.* New York: Vintage Books, 2007.

Goleman, D. *Social Intelligence: The New Science of Human Relationship.* New York: Bantam, 2006.

Gonzales, G., and J. Richards. *The Privileged Planet: How Our Place in the Cosmos Is Designed for Discovery.* Washington, D. C.: Regnery Publishing, Inc., 2004.

Gottesman, I., S. Brenner, and J. H. Miller, eds. "Naturenurture controversy." *Encyclopedia of Genetics* 3: 1297 - 1302(2002). London: Academic Press.

Greeley, Andrew M. *Religion in Britain, Ireland and the USA.* New York: Guilford Press, 2007.

Grof, Stanislav. *Primal Renaissance: The Journal of Primal Psychology* 2, No. 1(Spring 1996).

Grove, Hannah Saw, and Russ Alan Prince. *Facts & Figures: Money as Aphrodisiac-Being Rich Means Getting Lucky on Your Terms.* Edition 1, January 2007.

Guralnik, David, ed. *Webster's New World Dictionary of the American Language.* New York: World Publishing Company, 1975.

Hagerty, Barbara Bradley. *Fingerprints of God: The Search for the Science of Spirituality*. New York: Riverhead Books, 2009.

Hamer, Dean. *The God Gene: How Faith Is Hardwired Into Genes*. New York: Doubleday, 2004.

Hamer, Dean H., and Peter Copeland. *Living With Our Genes: Why They Matter More Than You Think*. New York: Random House, 1999.

"Happiness." Wikipedia. org. *http://en. wikipedia. org/wiki/ Happiness*. Accessed February 2010.

Harris, A. H, F. M. Lufkin, S. V Benisovich, S. Standard, J. Bruning, S. Evans, and C. Thoresen. "Effects of a group forgiveness intervention on forgiveness, perceived stress and trait anger: A randomized trial." *Journal of Clinical Psychology* 62, No 6: 715 – 33 (2006).

Herrigel, Eugen. *Zen in the Art of Archery*. New York: Pantheon Books, 1953.

Holden, Robert, PhD. *Be Happy: Release the Power of Happiness in You*. Carlsbad, Calif.: Hay House, 2009.

Huffington, Arianna. *The Fourth Instinct: The Call of the Soul*. New York: Simon and Schuster, 1994.

Ilibagiza, Immaculee. *Left to Tell: Discovering God Amidst the Rwandan Holocaust*. Carlsbad, Calif.: Hay House, 2006.

Jablonka, Eva, and Marion J. Lamb. *Evolution in Four Dimensions: Genetic, Epigenetic, Behavioral, and Symbolic Variation in the History of Life*. Cambridge, Mass.: The MIT Press, 2005.

Jaynes, Julian. *The Origin of Consciousness in the Breakdown of the Bicameral Mind*. New York: Mariner Books, 2000.

Kant, Immanuel. *Critique of Pure Reason*. Amherst, N. Y.: Prometheus Books, 1990.

Kent, James. "The Cure for Depression? Have Fun!" *Mind Power News*, October 26, 2009. *www. mindpowernews. com/FunDeficiency. htm*.

Klein, Stefan, and Stephen Lehmann. *The Science of Happiness: How our Brains Make us Happy, and What We Can Do to Get Happier*. New York: Marlowe & Company, 2006.

Kluger, Jeffrey. "Is God in Our Genes?" *Time*, October 25, 2004, p. 66.

Koch, C. *The Quest for Consciousness*. Englewood, Colo.: Roberts & Company, 2004.

Kornfield, Jack. *The Roots of Buddhist Psychology*. Boulder, Colo.: Sounds True, 1999.

Kosmin, Barry S., and Seymour P. Lachman. *One Nation Under God: Religion in Contemporary American Society*. New York: Crown, 1993.

Lama, Dalai. *The Universe in a Single Atom*. New York: Morgan Road Books, 2005.

Layard, R. *Happiness Lessons From a New Science*. New York: Penguin Press, 2005.

Leonhardt, D. "If Richer Isn't Happier, What Is?" *New York Times*, May 19, 2001, B9 - 11.

Libet, Benjamin, Anthony Freeman, and Keith Sutherland, eds. *The Volitional Brain: Towards a Neuroscience of Free Will*. Exeter, UK: Imprint Academic, 1999.

Lipton, Bruce H., PhD. *The Biology of Belief: Unleashing the Power of Consciousness, Matter, & Miracles*. Carlsbad, Calif.: Hay House, 2008.

——. *Spontaneous Evolution: Our Positive Future (And a Way to Get There From Here)*. Carlsbad, Calif.: Hay House, 2009.

Livescience staff. "Happiness May Be Inherited." *LiveScience.com*, May 24, 2009. *www.livescience.com/health/090514-happy-inheritance.html.*

"Map of World Happiness: A Global Projection of Subjective Well-Being." Technovelgy.com. *www.technovelgy.com/ct/Science-Fiction-News.asp? NewsNum = 893.* Accessed February 2010.

McCraty, Rollins. Interview with Dr. Laurie Nadel, August 7, 2009.

McTaggart, L. *The Field: The Quest for the Secret of the Universe*. New York: HarperCollins, 2008.

Metzinger, T. *Being No One: The Self-Model Theory of Subjectivity*. Cambridge, Mass.: MIT

Press,2003.

Metzinger, T., ed. *The Neural Correlates of Consciousness.* Cambridge, Mass.: MIT Press,2000.

Mill,John. *Comte,August,Catechism and Positivism.* London:Tutis Digital Publishing,2007.

Miller,G. E. "Can Money Buy Happiness?" *Twenty-Something Finance.* January 19,2009. *http://20somethingfinance. com/blog/2009/01/19/can-money-buy-happiness-5-reasons-why-it-could-but-may-not/.*

Mishlove,Jeffrey,PhD. *The Roots of Consciousness:The Classic Encyclopedia of Consciousness Studies,Revised and Expanded.* Tulsa,Okla.:Council Oak Books, 1993.

Mitchell,Dr. Edgar. Interview on *The Sixth Sense* with Dr. Laurie Nadel. *www. webtalkradio, net*,June 22, 2008.

Mitchell,Dr. Edgar,with Dwight Williams. *The Way of the Explorer:An Apollo Astronaut's Journey Through the Material and Mystical Worlds,Revised Edition.* Franklin Lakes,N. J.:Career Press/New Page Books, 2008.

Mitroff,Ian. *Smart Thinking for Crazy Times:The Art of Solving the Right Problems.* San Francisco:Berret-Koehler Publishers,Inc,1998.

"Mood May Be Written In(and On)Genes. "ABC News. *http://abcnews. go. com/pring?id = 4839669* Accessed October 2009.

Moreira-Almeida,Alexander,Francisco Lotufo Neto,and Harold G. Koenig. "Religiousness and mental health: a review. "*Rev:Bras. Psiquiatr 28*,No. *3:242 – 50(September 2006). www. scielo. br/scielo. php? script = sci arttext & pid = S1516 – 44462006000300018 & lng = en & nrm = iso.*

Myss,Caroline. *Defy Gravity:Healing Beyond the Bounds of Reason.* Carlsbad, Calif.: Hay House,2009.

Nadel,Laurie,PhD. "Make Way For Joy:Little Things You Can Do to Find Peace in Your

Life." *Woman's Day*. June 1,2007.

Nadel, Laurie, PhD, with Judy Haims and Robert Stempson. *Dr. Laurie Nadel's Sixth Sense: Unlocking Your Ultimate Mind Power*. Lincoln, Neb. : ASJAPress/iUniverse, 2007.

National Academy of Sciences. *Science and Creationism: A View From the National Academy of Sciences, 2nd Edition*. Washington, D. C. : National Academy Press, 1999.

"National Accounts of Well-Being." NEF Website. *www. nationalaccountsofwellbeing. org*.

Newberg, Andrew, Eugene D'Aquili, and Vince Rause. *Why God Won't Go Away: Brain Science and the Biology of Belief*. New York: Ballintine, 2002.

Niemiec, Christopher, Richard Ryan, and Edward Deci. "The path taken: Consequences of attaining intrinsic and extrinsic aspirations in post-college life." *Journal of Research in Personality* 43, Issue 3:291 – 306 (June 2009).

Nixon, Robin. "Epigenetics: A revolutionary look at how humans work." *LiveScience. com* April 27, 2009. *www. livescience. com/health/090427 – overview. html*.

Oliner, Samuel P., and Pearl M. Oliner. *Towards a Caring Society: Ideas into Action*. West Port, Conn. : Praeger, 1995.

Oord, Thomas Jay, *The Altruism Reader: Selections from Writings on Love, Religion, and Science, Philadelphia: Templeton Foundation Press*, 2007.

——. *Science of Love: The Wisdom of Well-Being*. Philadelphia: Templeton Foundation Press, 2004.

Ornish, D., et al. "Changes in prostate gene expression in men undergoing an intensive nutrition and lifestyle intervention." Proceedings of the National Academy of Sciences 17: 105 (24), P. 8369 (2008 June).

Osho Active Meditation Series. *Joy, The Happiness That Comes from Within*. New York: St. Martin's Press, 2004.

Parens, Erik, Audrey Chapman, and Nancy Press. *Wrestling With Behavioral Genetics: Science,*

Ethics, and Public Conversation. Baltimore:The John Hopkins University Press,2006.

Pattakos, Alex, PhD. *Prisoners of Our Thoughts: Viktor Frankl's Principles for Discovering Meaning in Life and Work, 2nd Edition.* San Francisco: Berret-Koehler Publishers, Inc., 2008. *www.prisonersofourthoughts.com.*

Pert, Candace B., PhD. *Molecules of Emotion: The Science Behind Mind-Body Medicine.* New York:Simon and Schuster,1999.

Pert, Candace B., PhD, with Nancy Marriott. *Everything You Need to Know to Feel Go(o)d.* Carlsbad, Calf.: Hay House, 2006.

Peters T., and M. Hewlett. *Evolution From Creation to New Creation: Conflict, Conversation, and Convergence.* Nashville, Tenn.: Abingdon Press, 2003.

Plomin, R., J. C. DeFries, G. E. McClearn, and M. Rutter. *Behavioral Genetics, 3rd Edition.* New York: Worth Publishers. 2008.

Plomin, Robert, John C. Defries, Ian W. Craig, and Peter McGuffin. *Behavioral Genetics in the Postgenomic Era.* Washington, D. C.: American Psychological Association, 2002.

Puchalski, Christina M. "Spirituality, Religious Wisdom. and the Care of the Patient Forgiveness: Spiritual and Medical Implications." *The Yale Journal for Humanities in Medicine.* September 17, 2002.

Rachels, James, and Stuart Rachels. *The Elements of Moral Philosophy.* New York: McGraw-Hill, 2009.

Rand, Ayn. *The Virtue of Selfishness.* New York: Signet, 1964.

Reagan, M. *The Hand of God: Thoughts and Images Reflecting the spirit of the Universe.* Atlanta, Ga.: Lionheart Books, 1999.

Rosenstand. Nina. *In The Moral of the Story.* Mountain View, Calif.: Mayfield Publishing, 2000.

Rost. H. T. D. *The Golden Rule: A Universal Ethic.* Oxford, UK: George Ronald, 1986.

Salk, Jonas. *Anatomy of Reality: Merging of Intuition and Reason.* New York: Columbia University Press, 1983.

Schaafsma. P. *Indian Rock Art of the Southwest.* Albuquerque. N. M.: New Mexico School of American Research and the University of New Mexico Press, 1980.

Schroeder G. *The Science of God: The Convergence of Scientific and Biblical Wisdom.* New York: Free Press 1997.

Schwartz. Gary, and William L. Simon. *The G. O. D. Experiments: How Science is Discovering God in Everything, Including Us.* Philadelphia: Templeton Foundation Press, 2007.

Seligman, Martin. *The Optimistic Child.* New York: Houghton Mifflin, 1996.

Seligman, Martin E. P. *Authentic Happiness: Using the New Positive Psychology to Realize Your Potential for Lasting Fulfillment.* New York: Free Press, 2002.

Shermer, M. *How We Believe: Science, Skepticism and the Search for God.* New York: Henry Holt and Company, 2000.

Smedes, Lewis B. *Forgive and Forget: Healing the Hurts We Don't Deserve.* New York: HarperCollins, 1984.

Smith, H. *Why Religion Matters: The Fate of the Human Spirit in an Age of Disbelief.* New York: HarperCollins, 2001.

Spetner, L. *Not by Chance: Shattering the Modern Theory of Evolution.* Brooklyn, N. Y.: Judaica Press, 1997.

"Spirituality." Dictionary. com. *http://dictionary. reference. com/browse/spirituality.*

Sutherland, K. "Spirits From the South." *The Artifact* 34, Nos. 1&2(1996). E1 Paso Archaeological Society.

"Symptoms of major depressive disorder." *American Psychiatric Association Diagnostic Manual (DSMIV), Fourth Edition.* Washington, D. C.: American Psychiatric Association, 2004.

Tost, J. *Epigenetics.* Norwich, UK: Caister Academic Press, 2008.

Turkheimer, E. "Three laws of behavior genetics and what they mean." *Current Directions in Psychological Science* 9:160 – 4(2000).

Turner, Bryan. *Chromatin and Gene Regulation: Mechanisms in Epigenetics.* Malden, Mass.: Blackwell Publishing, 2002.

Veenhoven, R. *Bibliography of Happiness.* Rotterdam, Netherlands: Erasmus University, 1993.

——. "Happiness in nations: subjective appreclation of life in 56 nations. 1946—1992." *RISBO*. Erasmus University, Rotterdam(1993) ISBN 90 – 72597 – 46 – X, 365 pages.

——. "World Database of Happiness." *Distributional Findings in Nations*, Erasmus University, Rotterdam. *http://worlddatabaseofhappiness. eur. nl*(2009).

Ward, Keith. *Is Religion Dangerous?* Oxford, UK: Lion Hudson, 2006.

Watson, James D. *Avoid Boring People: Lessons From a Life in Science.* New York: Alfred E. Knopf, 2007.

Wattles, Jeffrey: *The Golden Rule.* New York: Oxford University Press, 1996.

Welch, John, and O. Carm. *The Mystics and the Development of Consciousness.* Canfield, Ohio: Alba House Cassettes, 1987.

"What Is Epigenetics?" *http://epigenome. eu/en/1,1,0.*

"Who's Happy and Why." Mayo Clinic press release. December 9, 2008. *www. mayoclinic. org/news2008-mchi/5111, html.*

Whybrow, Peter. *American Mania: When More Is Not Enough.* New York: W. Norton, 2005.

Wilkinson, Will. *In Pursuit of Happiness Research: Is it Reliable? What Does it Imply for Policy?* Policy Analysis No. 590. The Cato Institute, 2007.

Willis, Gary. *Under God: Religion and American Politics.* New York: Simon and Schuster, 1990.

Wilson, Edward O. *Consilience: The Unity of Knowledge.* Cambridge, Mass.: Harvard University Press, 1998.

——. *On Human Nature*. Cambridge, Mass.: Harvard University Press, 1978.

——. *Sociobiology: The New Synthesis, 25th Anniversary Edition*. Cambridge, Mass.: Harvard University Press, 2000.

"The World Map of Happiness." *http://blog.guykawasaki.com/2007/02/the_world_map_0.html#ixzz0SuHD4U9a*. (The University of Leicester site with original data is restricted by password to university students and professors.)

Wright, Robert. *The Moral Animal: Why We Are the Way We Are; The New Science of Evolutionary Psychology*. New York: First Vintage Books, 1995.

Zimmerman, Bill. *Make Beliefs*. New York: Guarionex Press, 1987.

互联网资源

想了解关于表观遗传学、幸福方面的研究以及本书中所提到的一些专家的更多信息，请参阅以下互联网资源。

www. barbarabradleyhagerty. com：A religion correspondent for National Public Radio and the author of *Fingerprints of God*: *The Search for Science in Spirituality*, Barbara Bradley Hagerty's Website has book reviews, audio interviews, and news of her schedule.

http://blog. guykawasaki. com/2007/02/the_world_map_o. html#ixzz0SuHD4U9a：Summary of the World Map of Happiness. (The University of Leicester site with original data is restricted by password to university students and professors.)

www. brucelipton. com：Margaret Horton and Sally Evans maintain this site to keep up with Bruce's travel schedule, new products, and studies. Keeping track of Bruce is a full-time job!

www. cshl. org：Cold Spring Harbor Laboratory official site.

www. dna. gov：Everything you need to know about DNA.

www. epigenome. eu：A well-organized European Website with background information and a chronology of research in epigenetics.

www. genieinyourgenes. corn：News about Dawson Church, PhD'S best-selling book.

www. genomics. energy. gov：Continually updated with new findings on the Human Genome Project.

www. globalcoherence. org：Global Coherence Initiative project is the not-for-profit branch of Heart Math Institute. Here you will find experiments that you can do at home and updated studies on emWave programs and global coherence.

www. greggbraden. com:Information on Gregg Braden's latest books, workshops, and public appearances, with links to HeartMath. org.

www. happinessgenes. org:A resource site for free reports and information; authors'contact information and whereabouts.

www. heartmath. org:A comprehensive Website with updated studies on emWaves, heart rate variability and DNA, health issues, stress, and intuition.

www. mayoclinic. org:Check this Website for studies on wellness/stress, genetics, and happiness.

www. mindpowernews. com: A weekly e-zinc digest of articles on scientific research on the mind, spirituality, remote viewing, and future developments.

www. nationalaccountsofwellbeing. com: Here you can fill out a survey and receive a spider web-shaped graph that shows how you score on 10 components of well-being and happiness. You can superimpose your profile on a composite European profile and/or profiles from European countries.

www. neweconomics. org: A "think – and – do" tank in London, the NEF (National Economic Foundation) conducts pioneering research on well-being throughout Europe.

www. prisonersofourthoughts. com: This site continually updates the work of "Dr. Meaning": Alex Pattakos, PhD'S workshops and publications around the world.

www. realityshifters. org: Physicist and professional intuitive Cynthia Larson's site contains information about her work and her signature question: "How *good* can it get?"

www. shamanportal. org: From the Stone Age to the 21st century, this is an exciting site with videos of indigenous shamans performing rituals, with articles, book reviews, and products as well.

www. ssp. org: The Society of Shamanic Practitioners is a not-for-profit organization of health professionals in the United States who incorporate shamanic principles into their work.

www. spontaneousevolution. com: For news about Dr. Bruce Lipton and Steve Bhaerman, authors of *Spontaneous Evolution*, go to this site.

www. stevebhaerman. com: When he is not writing and lecturing about politics, Steve'S stand-up comedy persona works he stage. If you have not yet met Swami Beyondananda, you won't be able to stop laughing.

www. stressproject. org: Dr, Church's Website contains a video on his work using the Emotional Freedom Technique (EFT) with American servicemen and women struggling with PTSD; scheduled workshops; volunteers (including Laurie Nadel, PhD) who do pro-bono sessions with veterans and people in the military.

http://worlddatabaseofhappiness. eur. nl: World Database of Happiness, Distributional Findings in Nations, compiled by R. Veenhoven at Erasmus University, Rotterdam.

作者简介

詹姆斯·D. 贝尔德(James Baird)博士是一位拥有40年丰富经验的成功的发明家和工程师。发明家的背景使他对于事物的工作原理有一颗执著的好奇心——从机械到生命。他对于了解使我们成为人类的生物工程的热情,再加上他的宗教和精神信仰,令他致力于幸福这一主题的研究20余年,在这一过程中,他为自己获得了自然健康领域的博士学位。

他是“幸福部”(“Happiness Ministry”)的创立者,这是一家生产大量启发灵感的文字作品的非营利单位。他所创作的前两本著作《幸福计划》(*Happiness Plan*)和《现代基督徒的幸福计划》(*The Modern Christian's Happiness Plan*)是建立在这样的理念之上的,即自然幸福来源于一种对超自然力量和利他的伦理道德观的信仰,例如神爱和同情心。贝尔德与许多宗教组织都有牵连,包括很多护理之家(nursing home)、教会、慈善组织等等。贝尔德博士还是美国科学协会(American Scientific Association)芝加哥分会的主席;该协会是一家全国性的专业协会,旨在创建科学与宗教之间的和谐。

作为一名倡导自然健康同时又有着发明家的探索精神的人,贝尔德博士被“节食不管用”这样一种说法所吸引。他努力去寻找其中的原因并给出答案。为此,他撰写了自己的第三本著作——《专注的节食》(*The Mindful Meals Diet*)。该书解释了为什么遗传因素会成为导致人们肥胖的不健康饮食习惯的基础。他的计划将自我催眠和有助于养成健康饮食习惯的身心策略包含其中(www. mindfulmealsdiet. com)。

人类基因组工程所取得的研究结果令贝尔德非常振奋,这也让他产生了一种直觉,那就是人类的精神信仰是有遗传基础的,自然幸福是造物主为我们设计好的。他指出,人类被赋予了精神基因,这些基因会刺激并从情感上奖励一种对于超自然力量和利他的伦理道德观的信仰。为此,他向我们揭示了极具说服力的证据。至于为什么世界上仍然存在暴力,他认为这与人类古老的本能和潜意识思维有关,而这些目前都可以通过一种被称为"表观遗传学"的新科学来解决。

本书是贝尔德博士的第四本著作。它向我们提供了精神信仰可以遗传的有力证据。为了帮助读者养成能带来自然幸福的习惯,它还向我们提供了一些表观遗传方法,以压制那些阻碍精神表达的潜意识思维。

劳丽·纳德尔(Laurie Nadel)博士是一名从业20年的资深记者,曾供职于哥伦比亚广播公司新闻网(CBS News)以及《纽约时报》(*New York Times*)。在《纽约时报》工作期间,她负责撰写一个专栏——"崇拜中的长岛"("Lone Island at Worship")。作为畅销书《第六感:打开你的终极意念力》的作者,她曾经上过奥普拉的脱口秀节目;而创世纪通信无线网(enesis Communications Network)上的"劳丽博士秀"("The Dr. Laurie Show")主要探索新科学方面的话题(www. gcnlive. programs/laurie)。

她拥有心理学和临床催眠术疗法的博士学位,具体专业为压力与健康问题及创伤后应激障碍(www. laurienadel. com)。本书是她的第六本著作。

译 后 记

本书是一部融合了生物学、心理学以及宗教等诸多领域专业知识的著作，翻译难度很大。为了将作者的理念尽可能忠实地传递给读者，在本书的翻译过程中，译者查阅了大量的资料；同时，也得到了很多相关人士的帮助，他们是李朝东、王桂清、李黎明、王海龙、李亚希、韩军、唐勇、赵昱、杨光、刘璐、任俊生和张露，在此谨向他们致以最诚挚的谢意，没有他们，本书不可能顺利付梓。尽管如此，书中仍难免有翻译不当之处，望请读者不吝斧正。

译者

2012 年 10 月